Ross Campbell

CÓMO AMAR DE VERDAD A TU HIJO

www.EditorialNivelUno.com

Para vivir la Palabra

Para vivir la Palabra

MANTÉNGANSE ALERTA;
PERMANEZCAN FIRMES EN LA FE;
SEAN VALIENTES Y FUERTES.
—1 CORINTIOS 16:13, NVI

Publicado por:

Editorial Nivel Uno, Inc.
3838 Crestwood Circle
Weston, Fl 33331
www.editorialniveluno.com

Publicado en inglés bajo el título:
HOW TO REALLY LOVE YOUR CHILD
Publicado por David C Cook
4050 Lee Vance View
Colorado Springs, CO 80918 U.S.A.
© 1977, 2015 Ross Campbell

ISBN: 978-1-941538-52-4

Desarrollo editorial: *Grupo Nivel Uno, Inc.*
Diseño interior y portada: *Grupo Nivel Uno, Inc.*
Fotografía de portada: Shutterstock

Impreso en USA

18 19 20 21 22 VP 9 8 7 6 5 4 3 2

ÍNDICE

PRÓLOGO

Este libro toca la fibra de nuestra vida misma. Sin embargo, no condena, sino que nos dice cómo ser padres de una manera diferente y constructiva. Es compasivo, aunque no por ello permisivo.

A los padres nunca se les ha enseñado a desarrollar su papel, por lo que tienden a educar a sus hijos sin ningún criterio objetivo. Aun los éxitos que obtienen algunos, parecen deberse primordialmente a la casualidad. Este libro ha sido concebido con la intención expresa de producir resultados positivos en ese sentido.

El doctor Ross Campbell tiene algo de valor vital que decir y lo expresa de manera muy sencilla para que podamos entenderlo. Este siquiatra se afirma en el presente libro como un hombre de profundo discernimiento personal, grandes valores espirituales y una gran sensibilidad tanto para con los hijos como para con sus padres. Por eso es que no duda en compartir su vida y sus propias experiencias familiares a fin de ilustrar lo que afirma.

Este es un libro que querrás leer *una* y *otra vez, puesto que contiene* información útil y práctica. Tanto tu mente como tu corazón, te confirmarán que lo que se dice aquí es verdad.

Ben Haden
Locutor de «Changed Lives»,
Chattanooga, Tennessee

PREFACIO

Nunca antes la maravillosa tarea de criar hijos ha sido tan difícil. La relación padre-hijo se ha convertido, en muchos casos, en una verdadera carga para los padres. Nuestra cultura ha sido sometida a tremendos cambios en los últimos años, ejerciendo una terrible presión sobre todos los progenitores. Vemos los resultados de ello a diario, desde problemas con el comportamiento de los chicos hasta el desarrollo de patrones de carácter poco saludables en muchos de ellos.

Esta obra ha sido escrita principalmente para padres de hijos que todavía no han llegado a la adolescencia. Su intención es proporcionar a los progenitores una manera comprensible y útil de enfocar su maravillosa y, al mismo tiempo, grandiosa tarea de educar a cada hijo. Lo más interesante es considerar las necesidades del niño y el mejor modo de satisfacerlas.

Toda esta área de la educación del niño es en sí una empresa complicada con la que la mayoría de los padres están teniendo grandes dificultades hoy. Por desdicha, la difusión de libros y artículos, y la celebración de conferencias y seminarios acerca de los hijos, mayormente, han frustrado y confundido a los padres más que ayudarles. Es una pena que sea así, dado que la mayoría de esas fuentes de información han sido excelentes.

Muchos libros, artículos y conferencias se han enfocado en uno o, como mucho, en varios aspectos específicos de la crianza de los hijos sin definir claramente las áreas concretas que abarcan. En consecuencia, muchos padres preocupados han intentado sinceramente aplicar lo que han leído o escuchado como el modo fundamental de relacionarse con los hijos, pero a menudo fallan.

En general, su fracaso no se debe a un error en la información que los padres leen o escuchan, ni en la forma en que la aplican. Más bien, el problema radica en que estos no tienen una perspectiva general y equilibrada sobre cómo relacionarse con sus hijos. La mayoría de los padres tienen la información esencial, pero están confundidos o mal informados en cuanto a cuándo aplicar qué principio y en qué circunstancias. Se les ha dicho qué hacer, pero no cuándo hacerlo ni, en muchos casos, cómo hacerlo.

El ejemplo clásico de eso es la disciplina. Son muchos los libros y los seminarios excelentes acerca de la niñez que han tratado ese tema; pero han fracasado en cuanto a dejar claro que la disciplina es solamente una de las maneras de relacionarse con un hijo. Por consiguiente, muchos padres llegan a la conclusión de que esa es la manera básica y principal de lidiar con sus hijos. Este es un error fácil de cometer, sobre todo cuando uno oye que alguien afirma: «Si amas a tu hijo, tienes que disciplinarle». Desde luego, esta observación es cierta; pero lo trágico es que muchos padres *lo* que más hacen es disciplinar. Y no muestran ni el amor ni el consuelo suficiente que el niño necesita sentir. De ahí que la mayoría de los chicos duden que son amados con un amor genuino e incondicional. Así que, repetimos, el problema no es si hay que disciplinar o no; sino cómo manifestar nuestro amor al niño por medio de la disciplina y cuándo hemos de mostrarlo de otras maneras más afectuosas. Casi todos los padres aman profundamente a sus hijos, pero pocos saben cómo transferir ese amor al corazón de ellos.

Abordo en estos problemas de un modo bastante claro y comprensible, con el fin de mostrar cómo enfocar *ampliamente* la educación del niño. Además, tengo la esperanza de brindar información que ayude a los padres a determinar la acción correcta en cada situación. Desde luego, lidiar con todas las circunstancias del modo debido, es imposible; sin embargo, cuanto más nos acerquemos a ello, más felices llegarán a ser nuestros hijos.

Gran parte del material de este libro se basa en el contenido de diversas series de conferencias dictadas durante los últimos años acerca de las relaciones entre padres e hijos.

1

EL PROBLEMA

—Cuando Tommy estaba creciendo era un chico muy bueno… se portaba muy bien —comenzaron diciendo aquellos padres, Esther y Jim Smith, desconsolados mientras exponían su dolorosa historia en mi sala de consulta—. Sí, parecía satisfecho, y nunca nos causó muchos problemas. Nos aseguramos de que tuviera las experiencias debidas: los chicos exploradores, el béisbol, la iglesia y todo lo demás. Ahora, a sus catorce años, se la pasa peleando con su hermano y con su hermana, pero eso no es más que rivalidad fraterna, ¿verdad? Aparte de ello, Tom —ya no es Tommy— nunca ha sido un problema real para nosotros. —Esther continuó—: A veces cambia de humor y se va a su habitación a pasar ratos largos; pero nunca ha sido irrespetuoso, desobediente ni respondón. Su padre se encargaba de que así fuera.

»Hay algo que ha recibido en buenas dosis: disciplina; de eso *estamos seguros*. De hecho, eso es lo que más nos desconcierta: ¿Cómo puede un chico que ha sido tan disciplinado toda su vida asociarse de repente con compañeros indóciles, que tratan a los adultos y a sus padres de esa manera, y hacer lo que hacen ellos? Esos muchachos incluso mienten, roban y beben alcohol. Ya no puedo fiarme de él.

No puedo hablarle. Es muy hosco y callado. Ni siquiera me mira. No parece querer tener ningún trato con nosotros. Además de eso, le va muy mal en la escuela este año.

—¿Cuándo notó esos cambios en Tom? —pregunté.

—Permítame pensar —respondió el señor Smith—, ahora tiene catorce años… casi quince. Sus notas fueron los primeros problemas que advertimos, de eso hace aproximadamente dos años. Durante los últimos meses del sexto grado nos dimos cuenta de que estaba aburrido, primeramente del colegio y luego de otras cosas. Comenzó a detestar ir a la iglesia; más tarde perdió incluso el interés en sus amigos y pasaba cada vez más tiempo solo, generalmente en su habitación. Además, hablaba menos cada día.

»Pero las cosas empeoraron de verdad cuando empezó la escuela secundaria. Tom perdió el interés por sus actividades favoritas; por los deportes, inclusive. Fue por aquel tiempo cuando se apartó por completo de sus antiguos amigos de confianza y comenzó a asociarse con chicos que casi siempre andaban metidos en problemas. La actitud de Tom cambió y se adaptó a la de ellos. Le importaban poco las notas, no estudiaba. Esas amistades, a menudo, lo involucraban en problemas.

—Y lo hemos probado todo —continuó la señora Smith—. Primero lo zurramos; luego lo privamos de privilegios como ver el televisor e ir al cine. En cierta ocasión le prohibimos salir por todo un mes. Hemos intentado recompensarlo por el comportamiento apropiado… Creo de veras que hemos probado cada recomendación que hemos oído o leído. Me pregunto si realmente hay alguien que pueda ayudarnos a nosotros o a Tom.

—¿En qué nos equivocamos? —agregó el señor Smith—. ¿Somos acaso malos padres? Bien sabe Dios que nos hemos esforzado. Quizás sea algo congénito. Puede que se trate de una tara que él haya heredado. ¿Sería posible que fuera algo físico? Sin embargo, el pediatra lo examinó hace un par de semanas. ¿Debiéramos llevarlo a un especialista en glándulas? ¿Sería conveniente hacerle un electroencefalograma? Necesitamos ayuda. Tom necesita ayuda. Amamos a nuestro hijo, doctor Campbell. ¿Qué podemos hacer para ayudarlo? Algo hay que hacer.

Más tarde, una vez que el señor y la señora Smith hubieron salido, Tom entró en el consultorio. Sus modales naturalmente agradables y su buena apariencia me impresionaron. Tenía la vista hacia abajo y, cuando me miraba directamente a los ojos, era solo por un momento. Aunque evidentemente Tom era un muchacho inteligente, hablaba únicamente con frases cortas, en tono ronco y con gruñidos. Sin embargo, cuando se sintió lo bastante cómodo como para contar su historia, reveló esencialmente los mismos hechos que sus padres; continuó diciendo:

—Nadie se interesa por mí, excepto mis amigos.

—¿Nadie? —le pregunté.

—No. Quizás mis padres. No sé. Cuando era pequeño pensaba que se preocupaban por mí. Supongo que de todas maneras eso no importa mucho ahora. Lo único que les interesa son sus propios amigos, sus trabajos, sus actividades y sus cosas.

»De todos modos no necesitan saber lo que hago. No les incumbe. Lo único que quiero es estar lejos de ellos y llevar mi propia vida. ¿Por qué deberían estar tan preocupados por mí? Nunca antes lo estuvieron.

A medida que la conversación avanzaba, se hacía claro que Tom estaba bastante deprimido y que no tenía momentos en los que se sintiera satisfecho consigo mismo ni con su vida. Hasta donde podía recordar, siempre había anhelado tener una relación íntima y cariñosa con sus padres; pero en los últimos meses fue abandonando poco a poco su sueño. Se tornó hacia los compañeros que le mostraban aceptación, pero su infelicidad se hacía aun más profunda.

De modo que aquí tenemos una situación corriente, pero trágica, de hoy. Un chico en los comienzos de la adolescencia que, según toda indicación aparente, iba bien en sus años tempranos. Hasta que tuvo alrededor de doce o trece años, nadie supuso que Tom fuera infeliz. A lo largo de aquellos primeros años, fue un niño complaciente que demandaba poco de sus padres, de sus profesores y de otra gente. Así que nadie sospechaba que no se sentía completamente amado y aceptado. Aunque tenía padres que lo amaban profundamente y se preocupaban por él, no se *sentía* querido de una manera auténtica. Sí, sabía que sus padres lo amaban y se preocupaban por él, nunca hubiera pretendido lo contrario. Con todo, no tenía el bienestar emocional de sentirse total e incondicionalmente amado y aceptado.

Esto es algo verdaderamente difícil de comprender, ya que los progenitores de Tom son en realidad unos buenos padres: lo aman y cuidan de sus necesidades lo mejor que saben. En la educación del chico, los señores Smith han aplicado aquellas cosas que han oído y leído, y han buscado el consejo de otros. Su matrimonio es indudablemente superior al promedio; se aman y respetan el uno al otro.

Una historia familiar

La mayoría de los padres encaran dificultades para educar a sus hijos. Con las presiones y tensiones que aumentan cada día sobre la familia, es fácil confundirse y desanimarse. El elevado índice de divorcios, las crisis económicas, la declinante calidad de la educación y la pérdida de confianza en el liderazgo, todo ello, tiene su efecto emocional en cada uno de nosotros. A medida que los padres se sienten más agobiados física, emocional y espiritualmente, se hace cada vez más difícil que eduquen a sus hijos. Estoy convencido de que el niño lleva la peor parte en estos tiempos de dificultad. Los pequeños son las personas más limitadas de nuestra sociedad; y su mayor necesidad es el amor.

La historia de Tom es muy familiar. Los padres del muchacho lo aman profundamente, han puesto todo su empeño y conocimiento en su educación, pero falta algo. ¿Te das cuenta de lo que es? No, no es amor, sus padres lo aman *de verdad*. El problema fundamental es que Tom no se *siente* amado. ¿Se debe culpar de ello a los padres? ¿Son ellos los responsables? No lo creo. La verdad es que los señores Smith siempre han amado a su hijo, pero nunca han sabido cómo mostrar ese amor. Como la mayoría de los padres, tienen una vaga idea de lo que un hijo necesita: comida, protección, ropa, educación, amor, consejo. Todas estas necesidades han sido satisfechas, excepto el amor, el amor incondicional. Aunque casi todos los padres tienen amor en su corazón, el desafío consiste en transmitírselo al hijo.

Yo creo, que a pesar de los problemas que trae consigo la manera de vivir actual, todos aquellos padres que verdaderamente deseen dar a su hijo lo que necesita, deben aprender cómo hacerlo. Con objeto de darle todo lo que puedan durante el corto tiempo que el hijo está con ellos, a los padres les urge saber cómo amarlo de veras.

¿Cuál es la forma de disciplinar más apropiada?

—Recuerdo cierta ocasión, cuando tenía seis o siete años. Entre paréntesis, solo pensar en ello incluso ahora, me entristece y a veces hasta me enfurece —continuó diciendo Tom unos días más tarde—. Rompí accidentalmente una ventana con una pelota de béisbol. Lo lamenté mucho, pero me escondí en el bosque hasta que mamá fue a buscarme. Estaba muy apesadumbrado, recuerdo que lloraba porque sentía que me había portado muy mal. Cuando papá llegó a casa, mi madre le habló de la ventana; por lo que él me castigó —las lágrimas brotaron de sus ojos.

—¿Qué dijiste entonces? —pregunté.

—Nada —dijo reprimiendo el llanto.

En este caso, la manera en que Tom fue disciplinado le produjo sentimientos de dolor, ira y resentimiento hacia sus padres que nunca olvidará ni perdonará sin ayuda. Años después de aquello, Tom todavía se siente herido.

¿Por qué hace aquel incidente en particular una impresión tan desagradable en su memoria? Hubo otras ocasiones en las cuales el muchacho aceptó los azotes sin problemas y, a veces, hasta se sintió agradecido. ¿Sería por el hecho de que ya estaba apenado y arrepentido con relación a la ventana rota? ¿Había quizás sufrido ya bastante por su falta sin necesidad de experimentar el dolor físico? ¿Sería que aquellos azotes lo podían haber convencido de que sus padres no lo comprendían como persona o no eran sensibles a sus sentimientos? ¿Podía acaso haber necesitado el muchacho en aquella ocasión particular el cariño y la comprensión de sus padres en vez del castigo severo? De ser así, ¿cómo podían saberlo sus padres? Y, en tal caso, ¿cómo saber cuál era el tipo de disciplina más apropiado para aquel momento en particular?

¿Qué piensan ustedes, los que son también padres? ¿Deberíamos decidir por adelantado la acción rutinaria que ha de tomarse en la educación de un hijo? ¿Piensan ustedes que deberíamos ser firmes?

¿Cuánto? ¿Deberíamos utilizar el castigo cada vez que nuestros hijos se porten mal? De ser así, ¿habría de tratarse siempre del mismo modo? Si no, ¿qué alternativas hay? ¿Qué es la disciplina? ¿Acaso castigo y disciplina son sinónimos? ¿Deberíamos tomar un curso que siga una misma línea de pensamiento y no apartarnos de ella? ¿O utilizar algo de nuestro sentido común o intuición propios? ¿O un poco de cada cosa? ¿Cuánto? ¿Cuándo?

Estas son preguntas con las cuales los padres cuidadosos están forcejeando en la actualidad. Somos bombardeados con libros, artículos, seminarios e institutos que tratan de enseñarnos cómo educar a nuestros hijos; los enfoques varían desde pellizcar al chico en el músculo trapecio hasta usar caramelos como premio.

En resumen: ¿Cómo hubieran podido tratar los padres de Tom aquella situación de una manera que disciplinara al niño y al mismo tiempo les permitiera mantener una amorosa y cariñosa relación con él? Ya examinaremos más adelante este complicado asunto.

Creo que todos los padres concuerdan en que educar a un hijo hoy es especialmente difícil. Una de las razones es que gran parte del tiempo de este se halla bajo el control y la influencia de otros: por ejemplo, la escuela, los vecinos, los compañeros, la iglesia, los medios de comunicación masiva y ahora las redes sociales. A causa de ello, muchos padres piensan que pese a la buena labor que realicen, sus esfuerzos en conjunto tienen poco efecto sobre sus hijos.

La verdad es lo contrario

La verdad es precisamente lo opuesto. Todos los estudios que he leído indican que el hogar vence con facilidad en cada caso. La influencia de los padres tiene un peso mucho mayor que cualquier otra cosa. La familia lleva ventaja a la hora de determinar lo feliz, seguro y estable que es un niño; cómo se lleva este con los adultos, los compañeros y con otros niños: la confianza que un jovencito tiene en sí mismo y en sus habilidades; lo afectuoso o lo frío que es; cómo responde a las situaciones nuevas. Sí, a pesar de las muchas distracciones que tenga un niño, el hogar es la mayor influencia en su vida.

Sin embargo, no es la familia lo único que determina lo que llegará a ser el pequeño. Haríamos mejor en no cometer el error de culpar únicamente al hogar por cada problema o desilusión. Por amor a la justicia y a la integridad, creo que debemos echar un vistazo a la segunda gran influencia que recibe el hijo.

El temperamento congénito

En realidad, hay nueve temperamentos congénitos. Esta información proviene de la investigación realizada por los doctores Stella Chess y Alexander Thomas.

Su trabajo sirve de ayuda para explicar por qué los niños tienen las características individuales que evidencian; y también cuál es la razón de que algunos sean más fáciles de educar que otros, por qué unos inspiran más cariño que otros o son más fáciles de tratar; y cuál es la causa de que niños educados en la misma familia o en circunstancias muy similares, puedan ser tan distintos.

Pero lo más importante, es que los doctores Chess y Thomas han demostrado que lo que un niño llega a ser no solo es determinado por el ambiente del hogar, sino también por sus propios rasgos personales. Esto ha tenido unos resultados maravillosos en cuanto a aliviar mucha culpa injustificada que se echaba sobre los padres de niños con problemas. Es un hábito desdichado de muchos —incluso profesionales— suponer que los padres son los únicos responsables de todo lo relacionado con sus hijos. Pero la investigación de Chess y Thomas prueba que algunos chicos son más propensos a las dificultades que otros.

Consideremos brevemente dicha investigación. En la misma se han descrito nueve temperamentos que pueden ser identificados en un cuarto con niños recién nacidos. Tales temperamentos no solo son congénitos (presentes en el momento del nacimiento), sino que también representan características básicas del niño y tienden a permanecer con él. Dichas características pueden ser modificadas por el ambiente del niño; no obstante, los temperamentos están profundamente arraigados en la personalidad total, no cambian con facilidad y pueden persistir a lo largo de toda la vida. Echemos un vistazo a los nueve temperamentos congénitos.

1. Nivel de actividad, es el grado de actividad motriz que posee un niño intrínsecamente y que determina lo activo o pasivo que sea el pequeño.

2. Secuenciación o ritmo (regularidad contra irregularidad), es la capacidad de pronosticar las funciones tales como el hambre, el patrón alimenticio, la deposición y el ciclo sueño-despertar.

3. Aproximación o repliegue, es la naturaleza de la respuesta del niño a un nuevo estímulo tal como una nueva comida, un nuevo juguete o una nueva persona.

4. *Adaptabilidad,* es la velocidad y facilidad con que se puede modificar un comportamiento en curso en respuesta a una estructuración alterada del ambiente.

5. *Intensidad de reacción,* es la cantidad de energía utilizada en la expresión del humor.

6. *Umbral de sensibilidad,* es el nivel de intensidad del estímulo requerido para producir una respuesta.

7. *Calidad de humor* (humor positivo y humor negativo): comportamiento juguetón, afable, alegre, cordial, en contraste con uno antipático, quejumbroso u hostil.

8. *Distracción,* identifica el efecto del ambiente externo en la dirección de un comportamiento.

9. *Duración de la atención y persistencia,* es el período durante el cual el niño prosigue cierta actividad y la continuación de esta al enfrentarse con obstáculos.

Como probablemente habrás notado, los temperamentos tercero, cuarto, quinto y séptimo, son los más decisivos en cuanto a determinar si el niño será fácil o difícil de educar y cuidar. El niño con alto grado de reactividad (altamente emocional); aquel que tiende a rehuir de una nueva situación; el que tiene dificultad en adaptarse a las situaciones nuevas (que no puede tolerar el cambio); o aquel que por lo general está de mal humor, es muy vulnerable a la tensión, especialmente a aquella debida a las altas expectativas de los padres. Y, por desdicha, tales chicos suelen recibir menos amor y afecto por parte de los adultos.

La lección que hemos de aprender aquí, es que las características básicas de un niño están muy relacionadas con el tipo de atención materna y de crianza que recibe.

Utilizando estos nueve temperamentos, Chess y Thomas asignaron valores numéricos para evaluar a niños recién nacidos. Partiendo de esta información, pudieron predecir claramente qué niños serían «bebés fáciles»; es decir, fáciles de cuidar, fáciles en lo que respecta a relacionarse con ellos y fáciles de educar. A aquellos que eran difíciles de cuidar, difíciles en cuanto a relacionarse con ellos y difíciles de educar, se les llamó «bebés difíciles». Estos últimos requerirían más de sus madres que los «fáciles».

Luego, Chess y Thomas compararon cómo los niños progresaban de acuerdo al tipo de atención materna que recibían. Los doctores estudiaron a aquellos bebés que tenían madres «criadoras» (madres que querían a sus hijos y eran capaces de proveer para ellos una atmósfera de amor en la que se sintieran aceptados). Los dos investigadores observaron asimismo a las madres «no criadoras» (quienes consciente o subconscientemente rechazaban a sus bebés o no podían proveer un ambiente donde los niños se sintieran aceptados y amados). La gráfica de la página 22 resume sus hallazgos.

Como puedes ver, los bebés «fáciles» y las madres «criadoras» eran una magnífica combinación: esos niños se desarrollaban bien sin casi ninguna consecuencia negativa.

Las madres «criadoras» con bebés «difíciles», tenían algunos problemas con sus hijos; pero esas situaciones eran abrumadoramente positivas. Por lo general, en la atmósfera de amor provista por sus madres, aquellos niños se desarrollaban bien.

Los bebés «fáciles» que tenían madres «no criadoras», generalmente, no iban muy bien. Tenían más dificultades que los «difíciles» con madres «criadoras»; y sus experiencias eran de alguna manera más negativas que positivas.

	Madres criadoras	Madres no criadoras
Bebés fáciles	+ +	+ −
Bebés difíciles	+ −	− −

Como probablemente ya habrás anticipado, los bebés «difíciles» que tenían madres «no criadoras» eran de los más infelices. Aquellos pobres niños se hallaban en circunstancias tan difíciles que oportunamente se les llamó niños de «alto riesgo». La situación de los tales es desgarradora. Esos niños corren todo tipo de peligros imaginables; desde el abuso infantil, hasta el abandono. En efecto, eran nuestros niños de alto riesgo.

Ahora bien, cuando reunimos todo este material de incalculable valor, comienzan a salir a la luz algunos hechos extremadamente importantes: ante todo, la manera en que un niño se desenvuelve en el mundo no depende únicamente del ambiente que haya en su hogar ni de sus padres; las características básicas congénitas de cada niño tiene un efecto muy importante en cómo se desarrolla, progresa y madura.

Dichos rasgos también afectan —y a menudo determinan— lo fácil o difícil que es cuidar a cierto niño y la frustración que este puede suponer para sus padres. Esto, a su vez, influye en el trato de los padres con su hijo. Es una calle de dos direcciones.

El conocer tales hechos, ha ayudado a muchos padres agobiados por la culpa en mi práctica profesional cotidiana.

Otra importante lección que los padres deben aprender es que cualquiera sea el tipo de temperamento congénito que un niño pueda poseer, la clase de trato materno —y por supuesto paterno—, es más importante en el momento de determinar cómo le irá a dicho niño en la vida. Observa de nuevo la gráfica. Aunque es, desde luego, más complicado educar a un niño «difícil», el tipo de crianza emocional tiene una influencia mayor en el resultado final. El trato de los padres puede cambiar esos temperamentos congénitos positiva o negativamente.

De esto se trata esta obra. Es un libro práctico que explica cómo relacionarse con tu hijo para que crezca hasta alcanzar su mejor desarrollo; y cómo darle la crianza emocional que tanto necesita. No es posible abarcar todos los aspectos de la educación del niño en este volumen; por lo tanto, he incluido solo lo que considero como el material más básico para ser padres efectivos.

Es un hecho el que la mayoría de los padres tienen un sentimiento de amor hacia sus hijos; sin embargo, suponen que también les comunican a los niños dicho amor. Este es el error más grande. La mayoría de los padres no transmiten ese amor al corazón de sus hijos; y la razón de ello es que no saben cómo hacerlo. Por consiguiente, muchos niños en la actualidad no se sienten amados y aceptados de una manera genuina e incondicional.

Pienso que este es el caso en la mayoría de los problemas infantiles de hoy; y a menos que los padres tengan un real vínculo amoroso con sus hijos, todo lo demás (la disciplina, las relaciones con los compañeros, los estudios) tiene una base defectuosa, por lo que habrá problemas.

Este libro provee los elementos básicos decisivos para establecer una relación de vínculos amorosos.

2

EL ESCENARIO

Antes de entrar en la esencia de cómo amar y disciplinar de una manera auténtica a los niños, es importante que consideremos los requisitos previos para la buena educación de los hijos. El primero y más importante es el hogar. Solo trataremos algunos puntos esenciales en relación al mismo.

La relación más importante en la familia es la conyugal. Esta toma la primacía sobre todas las demás, incluida la de padre e hijo. Tanto la calidad de los lazos entre padres e hijos, como la de la seguridad del niño, dependen en gran parte de la excelencia del vínculo entre los esposos. De modo que puedes comprender por qué es tan importante asegurar la mejor relación posible entre esposo y esposa, antes de intentar relacionarnos en serio con nuestros hijos en formas más positivas. En resumen, diremos que cuanto mejor sea nuestra relación matrimonial, más efectiva y satisfactoria será la aplicación de la información ulterior.

Sin embargo, si eres un padre soltero, permíteme asegurarte que lo que tratamos en este libro se aplica mucho a ti. En muchos sentidos, la crianza por parte de padres solteros es más difícil, pero en cierto modo es más fácil. Ya sean dos padres o uno, la forma en que nos relacionamos con nuestros hijos hace distinguir cualquier hogar

Podemos empezar entendiendo que hay una diferencia entre las comunicaciones cognoscitivas (es decir, intelectuales o racionales) y las emocionales (sentimentales). Las personas que se comunican, de manera especial, a un nivel cognoscitivo, utilizan principalmente información objetiva. Les gusta hablar de temas como los deportes, la bolsa de valores, el dinero, las casas, los trabajos; y mantener el tema de conversación fuera del terreno emocional. Por lo general, se incomodan mucho al tratar con cuestiones que generan sentimientos, sobre todo aquellos desagradables como la ira. Por consiguiente, evitan hablar de asuntos que entrañen amor, temor e ira. Tales personas tienen dificultad, por lo tanto, en ser afectuosas con sus cónyuges y ser de apoyo para estos.

Otros se comunican más a nivel del sentimiento. Se cansan pronto de una mera información objetiva, necesitan compartir impresiones, sobre todo con sus cónyuges. Estos piensan que la atmósfera entre esposo y esposa debe estar lo más libre posible de sentimientos desagradables como la tensión, la ira y el rencor. Así que, naturalmente, quieren hablar de esas cosas emocionales, resolver los conflictos con su media naranja, aclarar malentendidos, y mantener el ambiente agradable entre ambos.

Desde luego, nadie es totalmente cognoscitivo o emocional. Todos nos encontraremos en algún punto del espectro que muestra la gráfica sencilla que aparece más adelante. Si la personalidad de un individuo y sus pautas comunicacionales tienden a ser casi por completo emocionales en su *manifestación,* el tal aparecerá en la parte izquierda de la gráfica; y si una persona exhibe una pauta de comunicación cognoscitiva, se encontrará en el lado derecho de la misma. Todos encajamos en algún punto situado entre los dos extremos. ¿En qué punto estas tú?

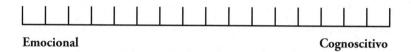

Emocional   **Cognoscitivo**

¿Dónde dirías que los hombres y las mujeres tienden a estar en la gráfica? ¡Exacto! Por regla general, las mujeres suelen ser más emocionales en su manera de tratar con otras personas; especialmente con su esposo e hijos. Los hombres tienen la tendencia a ser más cognoscitivos en sus formas de comunicación.

A estas alturas, apuesto a que estás suponiendo que hallarse en la parte derecha del diagrama es más deseable que aparecer en el lado izquierdo. Esa es una equivocación muy corriente hoy; la verdad es que cada tipo de personalidad tiene sus ventajas y desventajas. Una persona que se ubica en la parte izquierda de la gráfica —que comparte más sentimientos—, no es menos inteligente o intelectual; simplemente tiene conciencia de sus emociones y, por lo general, es más capaz de hacer algo respecto a estas. Por otro lado, aquella que se halle en el lado derecho del diagrama —que manifiesta menos sentimientos—, no es que *tenga* menos emociones; estas son sencillamente suprimidas y enterradas; por lo que dicha persona es menos consciente, y a menudo ciega, en cuanto a aquellas.

Un hecho sorprendente es que las personas —por así decirlo— cognoscitivas (en la parte derecha del diagrama), son controladas por sus sentimientos de igual manera que las llamadas emocionales, pero *no se dan cuenta de ello.* Por ejemplo, el formal intelectual también tiene sentimientos profundos; pero utiliza enormes cantidades de energía para mantenerlos sepultados de manera tal que no se tenga que molestar por ellos. Sin embargo, por desdicha, estos *sí* que le molestan. En cuanto alguien (como una mujer o un hijo «emocionales») está alrededor demandando su afecto y cariño, no solo es incapaz de responder, sino que se irrita porque se ha alterado su preciado equilibrio.

La iniciativa del padre

«Fred ha sido un proveedor muy bueno y es tan respetado —me expresaba la señora Mary Davis perpleja—, que me siento terriblemente mal a causa de mis emociones respecto de él. Me enfado con mi esposo; y luego me siento tan culpable que no puedo soportarme a mí misma. Intento hablarle acerca de lo que pienso en cuanto a él y los niños; y se incomoda, se niega a hablar y hasta se enfurece conmigo. Entonces me enfado, me dejo llevar por la ira e intento desquitarme de él, e incluso me pongo frígida y no puedo tener relaciones íntimas con él. ¿Cuál es la solución? Estoy muy preocupada con mi matrimonio y mis hijos… pero ni siquiera puedo hablar de ello con mi esposo. ¿Cómo puede durar nuestro matrimonio? Ni siquiera podemos conversar y compartir nuestros pensamientos o sentimientos».

He aquí la historia de siempre. El señor Fred Davis es competente en el mundo de los negocios; conoce su profesión; los hechos hablan. Se siente a gusto en un mundo donde se omiten los factores emocionales y en el que en general estos no se necesitan. Es «cognoscitivo» en su comunicación.

Sin embargo, ¿y en casa? En casa es como un pez fuera del agua. Está casado con una mujer muy «normal», con necesidades femeninas y conyugales también muy normales. Mary necesita el cariño y el apoyo de su esposo; que él participe en sus preocupaciones, temores y esperanzas. La señora Davis tiene tendencia a ser «emocional» en su comunicación. Necesita sentir que su esposo está dispuesto a asumir su responsabilidad por la familia. Estas necesidades suyas son normales, y no indican debilidad, sensibilidad excesiva, ni que no esté cumpliendo con sus deberes. Todavía no he visto ninguna familia realmente feliz y amorosa en la que el padre no asuma responsabilidad familiar. Otra vez digo, que la mujer como esposa y madre tiene también sus obligaciones, pero su esposo debe estar dispuesto a ayudarla y a apoyarla en cada una de ellas. Una razón por la que esto es algo esencial, es que a la mujer le resulta muy difícil iniciar su avanzada amorosa por su esposo cuando siente que este no está dispuesto a apoyarla ciento por ciento en todas las áreas de la vida familiar, emocional y otras. Por consiguiente, lo mismo sucede en relación a la responsabilidad familiar del esposo: este debe saber que su esposa está lista para ayudarle e incluso para intervenir si es necesario.

Otra manera de expresarlo es que, cuando una mujer debe asumir la responsabilidad porque su esposo sencillamente la ha ignorado —es decir, por incumplimiento—, es difícil para ella sentirse segura y a gusto con el amor de su esposo. Por ejemplo, una señora a quien estaba aconsejando, se quejaba de que se sentía insegura en cuanto al amor de su esposo y le era difícil responderle cariñosamente. Resultó ser que ella era responsable, estrictamente del incumplimiento por parte de su esposo, de cada uno de los aspectos de la vida familiar, incluido el cuidado del jardín y el manejo de las finanzas. Este tipo de arreglo puede ser bueno si tanto el esposo como la esposa lo acuerdan y se sienten felices con el mismo; pero, aun entonces, el esposo debe asumir la responsabilidad total si es necesario; es decir que debe estar preparado para tomar la dirección, y dispuesto a hacerlo, si la esposa se encuentra agobiada. La disposición de un esposo a responder completamente por su familia, es una de las posesiones más valiosas que una mujer y un hijo puedan tener.

Cuando una esposa acepta el amor promovido por su esposo, ampliándolo y reflejándolo hacia él y hacia los niños, puede ser maravillosa. Eso llena al hogar de un clima inexplicablemente estupendo. Pero el esposo debe tomar la responsabilidad de mostrar dicho amor. Los esposos que han descubierto este secreto son dignos de envidiar. El amor que le retribuye su esposa no tiene precio; en mi opinión, es el bien más preciado en este mundo. Al principio es difícil tomar la iniciativa en el amor; pero cuando el esposo siente el amor que le retribuye su esposa, lo aprecia multiplicado muchas veces y observa que, a medida que ese amor aumenta con el tiempo, se convierte en algo cada vez más fácil de promover.

El esposo que asuma una responsabilidad plena y total por su familia, y tome la iniciativa de comunicar su amor a su esposa e hijos, experimentará unas recompensas extraordinarias: una amorosa, agradecida y cooperadora esposa que será lo más encantadora que pueda para él; además de unos hijos seguros, tranquilos, satisfechos y capaces de crecer hasta alcanzar un desarrollo óptimo. En particular, no he visto nunca a un matrimonio fracasar si se cumple con dichas prioridades. Cada unión frustrada que he conocido, de alguna manera las ha pasado por alto. Padres, la iniciativa debe ser nuestra.

Sin embargo, puede que te digas a ti mismo: ¿Cómo puede un esposo tomar la iniciativa y la responsabilidad de comunicar el amor a la familia cuando es esencialmente cognoscitivo y torpe en el área de los sentimientos, y la esposa más competente en el terreno emocional? Este es uno de los problemas más frecuentes, poco reconocidos y difíciles a los que se enfrenta el matrimonio en la actualidad. Es difícil tratarlo, porque la mayoría de los hombres —como Fred— no están conscientes de dichos problemas. En vez de reconocer lo esencial que es la vida emocional de su esposa y de sus hijos, la ve como una incómoda molestia que se debería evitar. El resultado es, desde luego, lo que acabamos de oír que pasa entre Fred y Mary: frustración y perplejidad, con la consabida interrupción de la comunicación.

Parece ser que en la actualidad todo el mundo se da cuenta de lo decisiva que es la comunicación en la vida familiar. ¿Puedes ver en la relación entre Fred y Mary cómo dicha comunicación llega a atascarse cuando un esposo «cognoscitivo» no puede hablar a nivel emocional, o cuando una esposa «emocional» no puede compartir sus sentimientos y anhelos más íntimos? ¡Qué dilema! Esposos, tenemos que enfrentar los hechos. Las posibilidades de que nuestras esposas sean más competentes en el área del amor, de la atención, y en cuanto a identificar las necesidades emocionales que tenemos nosotros y nuestros hijos, son abrumadoras. Y por lo general, nosotros seguimos el consejo de los expertos, ¿no es así? Por tanto, evidentemente los hombres necesitamos con desesperación la ayuda de nuestras esposas para que nos guíen en este, relativamente extraño, mundo de los sentimientos.

No solo debemos los esposos estar dispuestos a respetar el conocimiento práctico de nuestras esposas en el área de las emociones y a dejarnos guiar por él, sino que debemos asimismo animarlas y apoyarlas en su tarea diaria de establecer el clima emocional en el hogar. Si somos un estorbo para ellas, o incluso las obstruimos cuando lo hacen, las desanimaremos y con el tiempo quebrantaremos sus espíritus.

¡Cuántas valiosas esposas he visto, mientras aconsejo, que han sido obstruidas por sus esposos cuando se esforzaban por amarlos con buen sentimiento a ellos y a los niños! El espíritu de esas mujeres se quebranta y el resultado es que la depresión las inmoviliza.

Observa por otro lado a los matrimonios en los cuales el esposo aprecia los sentimientos profundos de su esposa y su necesidad de comunicarlos. Él no solo la escucha, sino que aprende de ella. Aprende lo provechoso y profundamente conveniente y satisfactorio que es compartir en el nivel emocional, sea agradable o desagradable. Ese es un matrimonio que crece con el paso de los años, y en el que el esposo y la esposa se hacen más y más íntimos convirtiéndose en algo de valor incalculable el uno para el otro. Un matrimonio así es uno de los mayores regalos que puede hacer la vida.

¿Es ciego el amor?

«¿Lo ves? Ya no me quiere. Lo único que hace es criticarme» —se lamentaba la hermosa Yvonne. Ella y su esposo John, acudieron a verme, «como último recurso», para recibir consejo matrimonial. Yvonne continuó: «¿No hay nada bueno que puedas decir acerca de mí, John?». Para mi gran sorpresa, John no podía realmente pensar en nada con lo cual halagar a su esposa. Yvonne era atractiva, inteligente, se expresaba bien y tenía talento; pero lo único que parecía poder hacer su esposo, era señalar discrepancias. Habían estado casados seis años, ¿cuál era la razón de aquella aparente falta de armonía?

Cuando pensamos en el asombroso índice de divorcios, es difícil creer que todos los matrimonios, en esencia, comiencen con mucha esperanza, expectación, amor y sentimientos maravillosos entre los recién casados. Al principio todo parece estupendo, el mundo es perfecto. El matrimonio de Yvonne y John también empezó de esta manera. ¡Qué cambio tan sorprendente! ¿Cómo pudo haber sucedido aquello?

Una de las razones es la *inmadurez*. Pero ¿qué es la inmadurez? De algún modo, es correlativa con la edad; pero no forzosamente. En el contexto de este problema particular, se puede definir como aquella incapacidad para tolerar (o salir adelante con) la ambivalencia a un nivel consciente. Ambivalencia es sencillamente tener sentimientos opuestos o contradictorios hacia la misma persona.

Esto explica el dicho de que «el amor es ciego». Al principio, cuando estamos enamorados, y durante las primeras semanas o meses de nuestro matrimonio, debemos ver a nuestro ser querido como alguien perfecto, y no podemos tolerar ningún sentimiento desagradable. Por lo tanto, suprimimos (negamos, ignoramos) cualquier cosa que pudiera no gustarnos de nuestro cónyuge. Es más, podemos estar conscientes solo de sus puntos buenos. Por tanto, nos olvidamos de cosas como una silueta o un físico imperfectos, el hablar excesivo, la parquedad, cierta tendencia a ser gordo o delgado, la efusión excesiva, el retraimiento, la melancolía, la falta de aptitud para los deportes, la música, el arte, coser o cocinar.

Ocultarnos a nosotros mismos los aspectos indeseables de nuestro cónyuge, al principio, funciona a las mil maravillas. Pero, a medida que vivimos día tras día, mes tras mes, con la persona amada, hacemos nuevos descubrimientos acerca de él o ella. Unos son buenos y, otros, no tan buenos… los hay que hasta nos hacen rebelar; pero mientras sigamos suprimiendo lo desagradable y relegándolo a nuestro inconsciente, podemos continuar viendo a nuestro ser querido como un modelo casi perfecto, y todo va bien.

Existe, sin embargo, un problema; y este es que no podemos seguir suprimiendo esas cosas eternamente. Algún día llegaremos a un punto de saturación. Puede que para entonces hayamos estado casados varios días o varios años… eso depende: (1) de nuestra capacidad para suprimir, evadir e ignorar lo desagradable; y (2) de nuestro grado de madurez: es decir, de nuestra aptitud para tratar conscientemente con los sentimientos conflictivos.

Cuando llegamos a ese punto crítico, no podemos seguir suprimiendo lo negativo por más tiempo. De repente, nos enfrentamos a días, meses o años de sentimientos desagradables por nuestro cónyuge; y, de nuevo debido a la inmadurez (incapacidad para tratar con la ambivalencia), damos un cambio brusco: suprimimos los *buenos* sentimientos y acentuamos los malos. Ahora, vemos a nuestro cónyuge en un aspecto casi totalmente opuesto. Todo es malo en él con poco, o nada, bueno. Abrumadoramente desagradable o con casi nada agradable.

Esto puede suceder rápidamente. Dos meses antes, John veía a Yvonne como el epítome de la perfección. Ahora, apenas puede tolerar su presencia. Yvonne ha permanecido esencialmente como antes; pero las ideas que John tiene acerca de ella se han invertido casi por completo.

¿Cómo nos las arreglamos con este problema tan corriente que está azotando a nuestra estructura social y amenazando la solidez de nuestro carácter nacional? Como siempre, la respuesta es fácil de dar, pero difícil de llevar a la práctica. En primer lugar, *debemos comprender* que nadie es perfecto. Es asombroso: oímos esta declaración todos los días; pero no la creemos. Con el juego de la supresión, demostramos que queremos y esperamos la perfección por parte de nuestros seres queridos.

En segundo lugar, debemos mantenernos continuamente conscientes de los valores positivos y los puntos débiles de nuestro cónyuge. Debo darme cuenta, y no olvidarme, de que hay cosas acerca de mi esposa por las que estoy agradecido, y otras en las que me gustaría que fuera diferente... es como todas las demás mujeres. Me ha llevado mucho tiempo aprender a pensar en sus rasgos encantadores durante aquellos momentos en los que me decepciono con ella.

Tercero, debemos aprender a aceptar a nuestro cónyuge como es... incluidas sus faltas. La probabilidad de encontrar a alguien o algo mejor mediante el divorcio y otro matrimonio, o en una aventura amorosa, es remota; sobre todo con el sentimiento abrumador de culpabilidad y otros problemas que una situación semejante produciría. Recuerda que tu cónyuge es verdaderamente irremplazable.

Amor incondicional

«El amor es paciente, es bondadoso. El amor no es envidioso ni jactancioso ni orgulloso. No se comporta con rudeza, no es egoísta, no se enoja fácilmente, no guarda rencor. El amor no se deleita en la maldad, sino que se regocija con la verdad. Todo lo disculpa, todo lo cree, todo lo espera, todo lo soporta» (1 Corintios 13:4-7).

Esta clara afirmación nos habla del fundamento de toda relación amorosa. El secreto aquí, se puede llamar «amor incondicional»; es decir, que no depende de cosas como la actuación del cónyuge, la edad, el peso o los errores cometidos. Este tipo de amor dice: «Quiero a mi esposa a pesar de todo. Pese a lo que haga, cuál sea su aspecto o lo que diga. Siempre la querré». Sí, el amor incondicional es un ideal y no se puede alcanzar por completo; pero cuanto más me acerque al mismo, tanto más mi esposa será perfeccionada por Dios, que nos ama tanto y cuanto más la cambie Él a su semejanza, más grata será ella para mí, y más satisfecho estaré yo con ella.

Al explorar el mundo de los niños, debemos recordar que la relación conyugal sigue siendo indiscutiblemente el lazo más importante en una familia; su efecto en los hijos a lo largo de toda la vida de estos, es tremendo.

Un ejemplo extraído de mi propia experiencia que corrobora lo dicho, implica a una familia cristiana a la que aconsejé hace varios meses. Sus padres llevaron a Pam —una chica de quince años— a mi consultorio; debido a su conducta sexual resultó embarazada. La chica era una atractiva jovencita con una personalidad muy agradable y talentosa en diferentes áreas. Tenía una relación fuerte, cariñosa y saludable con su padre, algo en cierta manera poco común en nuestros días. También el vínculo con su madre parecía sólido. Al principio me desconcertó el por qué la chica había decidido enredarse sexualmente en la manera en que lo hizo. No sentía mucho afecto ni tenía mucho interés por el joven que había engendrado al niño; y Pam no era de un temperamento que buscara la atención masculina de un modo impropio. Siempre había sido una hija respetuosa, obediente y fácil de lidiar por parte de sus padres. Entonces, ¿por qué había quedado embarazada? Estaba perplejo.

Luego entrevisté a los padres juntos y por separado. Acertaste. Los padres tenían conflictos matrimoniales que otros no podían ver. Esas crisis surgieron hacía mucho tiempo, pero la familia logró arreglárselas para funcionar por años de un modo bastante estable; y la chica siempre había gozado de una relación íntima con su padre. A medida que ella se fue haciendo mayor, su madre llegó a sentirse cada vez más celosa de aquel lazo. A pesar de esos celos, la mujer tenía una relación con Pam que le proporcionaba bastante apoyo a esta última.

Entonces, la joven llegó a la adolescencia; y cuando su fisonomía comenzó a cambiar transformándose en la de una mujer, los celos de su madre se multiplicaron. Mediante varias formas de comunicación sin palabras (de las que trataremos más tarde), aquella madre transmitió a su hija un mensaje en tono fuerte y claro. Este decía que ahora era una mujer, que podía —en adelante— atender a sus propias necesidades emocionales, sobre todo a aquella de atención del sexo opuesto. Como hacen muchas chicas de su edad, Pam intentó sustituir la atención de sus compañeros varones por el amor de su padre. La jovencita estaba actuando de acuerdo con las instrucciones no verbales, subconscientes, de su madre.

La mamá de Pam estaba consciente de su propia infelicidad matrimonial, la cual daba como resultado una vida sexual pobre con su esposo; y también estaba consciente de la intimidad entre la jovencita y su padre. Pero lo que *no* conocía era la intensidad de sus celos por Pam; ni tampoco comprendía el papel que ella misma desempeñaba en la conducta sexual de su hija.

En casos como ese es inútil, y muchas veces dañino, el confrontar a cada persona —especialmente a la madre— con sus actos erróneos. Aunque la queja superficial era el comportamiento de la hija, el problema básico se hallaba en la relación matrimonial. Para ayudar a una familia como esa de manera que proporcionara un apoyo mayor, más tierno y más sensible yo, como su terapeuta, tuve que ayudar a los padres en su relación conyugal sin concentrarme en la búsqueda de faltas y sin juzgar sus errores. Tuve que llevarlos al punto en que recibieran el perdón de Dios mediante Jesucristo. Una vez reparado el lazo matrimonial y resuelto el sentimiento de culpa, esta perturbada relación entre madre e hija pudo ser rectificada.

Esta ilustración de la tesis debería mostrar lo importante que es la unión conyugal en la vida de un hijo. Cuanto más fuerte y saludable sea dicho lazo, con menos problemas nos encontraremos como padres; y tanto más efectiva será la información dada en este libro cuando se aplique.

Consideremos ahora la relación que ocupa el segundo lugar más importante en la familia.

3

EL FUNDAMENTO

El amor verdadero es incondicional y esto debería ser evidente en todo vínculo de esa índole (1 Corintios 13:4-7). El fundamento de un sólido trato con nuestros hijos es el amor incondicional. Solo esta relación amorosa puede garantizar el crecimiento de un niño hasta alcanzar el pleno y total desarrollo de su potencial. Solamente este cimiento de amor incondicional puede asegurar la prevención de problemas tales como los sentimientos de rencor, de no ser amado, de culpabilidad, de miedo y de inseguridad.

Podemos tener la confianza de que estamos disciplinando debidamente a un hijo, cuando nuestra relación primordial con él es la de un amor incondicional. Sin esa base, no es posible comprender a un niño ni su comportamiento; ni tampoco saber cómo tratar con la mala conducta.

El amor incondicional puede considerarse una luz orientadora en la educación del niño; sin esa luz, los padres andaremos a ciegas, sin señales fijas diarias para saber dónde nos encontramos y qué deberíamos hacer en relación con nuestros hijos. Con eso, tenemos indicadores de dónde estamos, dónde se halla el niño y lo que hemos de hacer en todas las áreas, incluida la de la disciplina. Solo con este fundamento, tenemos una piedra angular sobre la cual construir nuestra experiencia en cuanto a guiar a nuestro hijo y satisfacer sus necesidades día tras día. Sin una base de amor incondicional, el ser padres es una carga desconcertante y frustrante.

¿Qué es amor incondicional? Amor incondicional significa querer a un niño *a pesar de todo:* sin importar su aspecto, cuáles sean sus valores, sus puntos débiles y sus impedimentos; sin tener en cuenta cómo esperamos que sea; y, lo que es más difícil: actúe como actúe. Eso no quiere decir, desde luego, que siempre nos guste su comportamiento. Amor incondicional significa que amamos al *niño* aunque a veces puede que detestemos su manera de comportarse.

Como observábamos cuando discutíamos el amor incondicional en la relación matrimonial, se trata de un ideal que nunca alcanzaremos el cien por ciento de las veces; pero, otra vez decimos: cuanto más nos acerquemos a esa meta, y cuanto más avancemos en esa dirección, tanto más nos convertiremos en padres satisfechos y confiados; y tanto más satisfecho, agradable y feliz será nuestro hijo.

Cómo me habría gustado poder decir, cuando tenía a mis hijos en casa: «Quiero a mis hijos en todo momento, a pesar de cualquier cosa, ¡cualquiera sea su comportamiento!» Pero como los demás padres, no puedo. Sin embargo, me atribuiré el mérito por tratar de llegar a ese maravilloso objetivo de amarles incondicionalmente. Eso lo hago, recordándome constantemente a mí mismo que:

1. Son niños.

2. Tendrán la tendencia a actuar como niños.

3. Gran parte del comportamiento pueril es molesto.

4. Si hago mi parte como padre y los amo a pesar de su comportamiento infantil, podrán madurar y abandonar sus modales de niños.

5. Si solo los quiero cuando me agradan (amor condicional), y les comunico mi amor únicamente en tales momentos, no se sentirán auténticamente amados. Esto a su vez los hará inseguros, perjudicará la imagen que tienen de sí mismos, y en realidad les *impedirá* seguir adelante en aras de un mayor dominio propio y una manera más madura de comportarse. Por lo tanto, su comportamiento y su desarrollo son responsabilidad *mía* tanto como suya.

6. Si los amo incondicionalmente, tendrán un buen concepto de sí y se sentirán cómodos consigo mismos. Por tanto, serán capaces de controlar su ansiedad y, a su vez, su comportamiento, a medida que se hagan adultos

7. Si solamente los amo cuando cumplen mis requisitos o mis expectativas, se sentirán incompetentes. Creerán que es inútil tratar de hacer las cosas lo mejor posible porque nunca es suficiente. La inseguridad, la ansiedad y la falta de amor propio los atormentarán. Habrá constantemente estorbos a su crecimiento emocional y en su manera de comportarse. Otra vez digo, que su desarrollo completo es mi responsabilidad tanto como la de ellos.

Por mi propio bien como padre que se esfuerza, y por el bien de mis hijos, pido a Dios que mi amor para con ellos sea todo lo incondicional que me sea posible. El futuro de mis hijos depende de este fundamento.

El hijo y los sentimientos

¿Recuerdas la gráfica sencilla del segundo capítulo relativa a lo emocional y lo cognoscitivo? ¿En qué punto piensas que se hallarían los niños en ella? ¡Exacto! Muy hacia la izquierda. El niño viene al mundo con una habilidad asombrosa para percibir emocionalmente; es muy sensible a los sentimientos de su madre. Es muy hermoso ver a un recién nacido cuando lo llevan a su madre por primera vez, si esta realmente lo quiere: la criatura se adapta al cuerpo de la madre, y su gozo es evidente para todos.

Sin embargo, el primer encuentro de un niño con una madre que no lo desea, presenta otro cuadro muy diferente. El pobre no se satisface y, a menudo, succiona poco cuando su madre lo lacta, se agita mucho y es claramente infeliz. Con frecuencia, eso se puede observar cuando la madre está turbada o deprimida; aun cuando no se pueda discernir ninguna diferencia en la manera como ella trate al infante.

Así que es muy importante comprender que desde el nacimiento, los niños son extremadamente sensibles en lo emocional. Ya que su caudal de conocimiento es desde luego pequeño, su modo de comunicarse con el mundo es primordialmente en el nivel de los sentimientos. Esto es fundamental. ¿Lo entiendes? Las primeras impresiones que el niño tiene del mundo las percibe por sus sentimientos. Se trata de algo maravilloso y, sin embargo, alarmante cuando pensamos en la importancia de ello. El estado emocional del niño determina cómo ve este su mundo: sus padres, su hogar y a sí mismo. Eso establece el escenario y el cimiento para casi todo lo demás. Por ejemplo, si un niño ve el mundo como algo que lo rechaza, falto de amor, despreocupado y hostil, entonces, lo que yo considero el mayor enemigo de una criatura —la ansiedad—, perjudicará su habla, su comportamiento y su capacidad de relacionarse y de aprender. Lo cierto es que los niños no solo son emocionalmente supersensibles, sino también vulnerables.

Casi todos los estudios que conozco indican que todo niño está continuamente preguntándoles a sus padres: «¿Me amas?» El hijo hace esta pregunta emocional principalmente con su comportamiento, pocas veces de manera verbal. La respuesta a la misma es absolutamente lo más importante en la vida de cualquier pequeño.

«¿Me quieres?» Si amamos a nuestro hijo incondicionalmente, este siente que la respuesta a su pregunta es afirmativa. Si nuestro amor es condicional, se hallará inseguro y, otra vez lo digo, será propenso a la ansiedad. La respuesta que le damos a un niño cuando hace esta pregunta capital —«¿Me quieres?»—, determina en gran manera su actitud básica hacia la vida. Se trata de algo decisivo para él.

Los niños nos hacen esta pregunta generalmente por medio de su comportamiento, y de igual manera, la respuesta se la damos con el nuestro. No solo con lo que decimos, sino con lo que hacemos. Por medio de su comportamiento, el niño nos dice lo que *necesita:* ya sea más amor, más disciplina, más aceptación o más comprensión (ya entraremos en detalle más adelante acerca de esto, pero ahora concentrémonos en el fundamento insustituible del amor incondicional).

Mediante nuestro comportamiento, satisfacemos dichas necesidades; pero solo podemos hacerlo si nuestra relación está fundada en el amor incondicional. Espero que hayas captado la frase «mediante nuestro comportamiento». El sentimiento de amor que tengamos en nuestro corazón por un niño puede ser fuerte; pero no es suficiente. Con nuestro comportamiento el niño reconoce el amor que le tenemos. El amor a nuestros hijos es transmitido por la manera de comportarnos con ellos: por lo que *decimos* y por lo que *hacemos*. Pero lo que hacemos tiene más peso. A un niño le afectan mucho más nuestras acciones que nuestras palabras.

Otro concepto esencial que los padres han de comprender es que todo niño tiene un *tanque emocional*. Desde luego, ese tanque es imaginario; pero muy real. Cada niño tiene ciertas necesidades emocionales, y el que ellas sean satisfechas (mediante el amor, la comprensión, la disciplina) o no, determina muchas cosas. En primer lugar, ello determina cómo se siente un niño; si está complacido, enfadado, deprimido o alegre. Segundo, afecta su comportamiento; si es obediente, desobediente, si lloriquea, si está animado, juguetón o retraído. Naturalmente, cuanto más lleno esté el tanque, más sentimientos positivos tendrá el niño y tanto mejor será su comportamiento.

Al llegar a este punto, permíteme que haga una de las declaraciones más importantes de este libro: *Solo se puede esperar que un niño sea o haga las cosas lo mejor posible, si tiene el tanque emocional lleno.* ¿Y de quién es la responsabilidad de mantener lleno dicho tanque? Acertaste: de los padres. El comportamiento de un niño indica el estado del depósito. Más tarde hablaremos de cómo llenar ese tanque, pero ahora entendamos que este ha de mantenerse lleno, y que solo los padres podemos hacerlo realmente. Solo cuando ese depósito se mantiene lleno, puede un niño ser verdaderamente feliz, desarrollar su potencial y responder de un modo apropiado a la disciplina. ¡Oh Dios, ayúdame a satisfacer las necesidades de mi hijo como tú satisfaces las mías! Filipenses 4:19 dice: «Mi Dios les proveerá de todo lo que necesiten».

Los niños reflejan el amor

A los niños se les puede conceptuar como espejos. Ellos reflejan, pero no inician el amor. Si se les da amor, lo devuelven; si no lo reciben, no tienen nada que dar. El amor incondicional se refleja incondicionalmente, así como el que es condicional de una manera condicional.

El amor entre Tom y sus padres (en el capítulo uno) es un ejemplo de una relación condicional. A medida que él iba creciendo, suspiraba por un vínculo íntimo y cariñoso con sus padres. Por desdicha, ellos pensaban que debían impulsarlo a comportarse mejor y aceptar el elogio, la calidez y el afecto, a menos que se tratara de un comportamiento verdaderamente extraordinario que les hiciera sentirse orgullosos de él. De otro modo, eran estrictos, porque pensaban que demasiada aprobación y demasiado afecto estropearían y disminuirían su esfuerzo por ser mejor. Le daban su amor al chico cuando este se destacaba; en otras circunstancias, lo retenían. Eso probablemente funcionara bien cuando Tom era muy pequeño; pero a medida que fue creciendo, comenzó a sentir que sus padres realmente no lo querían o apreciaban por sí mismo, sino que solo les importaba su propia estima.

Cuando Tom llegó a la adolescencia, el amor que sentía por sus padres se parecía mucho a aquel que ellos tenían por él. Había aprendido bien a amar con condiciones. Solo se comportaba de un modo que agradaba a sus padres cuando ellos hacían algo para complacerlo.

Naturalmente, ese juego entre Tom y sus padres resultó en que, con el tiempo, ninguno podía transmitir amor al otro, y a que cada uno esperara que el otro hiciera algo que le agradara. En esa situación, cada una de las partes llega a sentirse más y más decepcionada, confundida y perpleja. A la larga, la depresión, la ira y el resentimiento se afirmaron, impulsando a los señores Smith a buscar ayuda.

¿Cómo lidiarías con una situación como esa? Algunos aconsejarían a los padres que demandaran sus derechos como tales: respeto, obediencia; otros criticarían a Tom por su actitud hacia sus padres, y exigirían que los honrara; otros, por último, recomendarían que se castigara severamente al muchacho. Piensa en ello.

Hoy muchos niños no se sienten amados de un modo genuino por sus padres; sin embargo, pocos padres he conocido que no los amaran profundamente. Esta no es una mera cuestión académica para pensar y luego decir: «Es una lástima». La situación es alarmante. Docenas de sectas religiosas y de otras organizaciones de errada doctrina están cautivando las mentes de miles de nuestros preciosos jóvenes. ¿Cómo pueden «lavarles» tan fácilmente el cerebro a esos hijos, ponerlos contra sus padres y contra toda otra autoridad, y controlarlos con ideas tan extravagantes? La razón principal es que esos jóvenes nunca se han sentido realmente amados y cuidados por sus progenitores. Piensan que fueron privados de algo, que sus padres omitieron darles algo. ¿Qué es eso? Exactamente: amor incondicional. Cuando uno considera cuan pocos niños se sienten real y debidamente cuidados, amados y cómodos, no es de extrañar que esos grupos puedan llegar tan lejos.

¿Por qué existe esta terrible situación? No creo que se deba culpar a los padres en sí. Cuando hablo con ellos, me da gusto advertir que la mayoría, no solo aman a sus hijos, sino que están auténticamente interesados en lo que se puede hacer para ayudar a *todos* los niños. Una vez tras otra, me doy cuenta de que el problema es que los padres no saben cómo comunicar su amor a los hijos.

No soy pesimista. Cuando dicto conferencias alrededor del país, me conforta mucho ver que los padres de hoy no solo escuchan, sino que están dispuestos a consagrarse a sí mismos y a gastar sus recursos económicos a favor de sus hijos. Muchos han cambiado su relación con sus hijos, para fundarla en un amor incondicional basado en la Escritura. Se han dado cuenta de que una vez hecho eso, los tanques emocionales de sus hijos se llenan por primera vez. El ser padre se convierte entonces en algo que satisface, emociona y retribuye. Por tanto, estos buenos padres tienen directrices acerca de cuándo y cómo guiar y disciplinar a sus amados hijos.

Cómo transmitir amor

Vamos a considerar cómo se puede transmitir amor a un pequeño. Como recordarás, los niños son seres emocionales que se comunican a nivel de las emociones. Además, ellos utilizan el comportamiento para traducirnos sus sentimientos y cuanto más jóvenes son más lo hacen. Es fácil decir cómo se siente un niño y cuál es su estado de ánimo con solo observarle. Del mismo modo, ellos tienen una extraña habilidad para reconocer nuestros sentimientos por la manera en que nos comportamos; habilidad que la mayoría de las personas pierden al llegar a la edad adulta.

En muchas ocasiones, cuando mi hija tenía seis años me hacía preguntas como: «¿Por qué estás enfadado, papá?», cuando no estaba ni siquiera consciente de que me sentía así. Pero al pararme a meditar en eso, veo que tenía razón absolutamente.

Los niños son así; pueden percibir de una manera muy sutil cómo se siente uno por el modo en que actúa. Así que, si queremos que sepan lo que sentimos *por ellos* —que los amamos—, *debemos actuar mostrando que así es:* «Queridos hijos, no amemos de palabra ni de labios para afuera, sino con hechos y de verdad» (1 Juan 3:18).

El propósito de este libro, como puedes ver, es estudiar el modo en que los padres pueden poner en acción sus sentimientos de amor. Solo de esta manera lograrán comunicárselos a sus hijos para que se sientan amados, totalmente aceptados, respetados, y capaces de amarse y respetarse a sí mismos. Solamente entonces podrán los padres ayudar a sus niños a amar a otros incondicionalmente, en especial a sus futuros cónyuges e hijos.

Antes de que nos lancemos a hacer descubrimientos acerca de cómo amar a nuestros hijos, hemos de dar algo por hecho: que los padres aman a sus niños; es decir, que están dispuestos a aplicar lo que aprenden. Hay una diferencia entre tener un tenue sentimiento de cariño hacia un hijo, y preocuparse bastante por él como para sacrificar lo que sea necesario en aras de su mejor interés. No tiene mucho sentido continuar leyendo este libro si no estás dispuesto a reflexionar en serio sobre lo que dice, a comprenderlo y a aplicarlo. Por otra parte, sería fácil leerlo superficialmente y desdeñar la información como simplista o irreal.

El hecho de transmitir amor a un niño se puede clasificar en cuatro áreas generales: el contacto visual, el contacto físico, la atención enfocada y la disciplina. Cada una de estas áreas es tan esencial como las demás. Muchos padres (y expertos) enfocan una o dos de ellas y descuidan el resto. El área cuya importancia más se exagera —excluyendo las demás—, es la de la disciplina. Observo que muchos hijos de padres cristianos están bien disciplinados pero no se sienten amados; en muchos de estos casos, los padres, por desgracia, confunden la disciplina con el castigo, como si fueran sinónimos. La cosa es comprensible cuando uno lee libros, artículos, y asiste a seminarios sobre el tema. A menudo leo o escucho a los entendidos decir a los padres que usen la vara y castiguen físicamente a sus hijos, sin ninguna mención acerca de amarles. No se dice ni una palabra en cuanto a cómo ayudar a un niño a tener sentimientos positivos para consigo mismo, hacia sus padres o hacia otra gente; ni tampoco acerca de cómo hacer a un niño feliz.

Todos los días veo los resultados de este enfoque en la educación de los niños. Esos hijos se portan bien cuando son muy pequeños, aunque por lo general son demasiado callados, en cierto modo taciturnos y retraídos; les falta espontaneidad, curiosidad y la exuberancia infantil de un niño criado con amor. Por lo general, se convierten en un problema en cuanto a la conducta a medida que se acercan a la adolescencia y cuanto entran en ella, a causa de la falta de unos lazos emocionales fuertes con sus padres.

De modo que los padres debemos concentrarnos en todas las áreas relacionadas con amar a nuestros hijos. Sigamos adelante y discutamos la primera de ellas; a saber, el contacto visual.

4

CÓMO MOSTRAR AMOR A TRAVÉS DEL CONTACTO VISUAL

Al principio, cuando uno piensa en el contacto visual, el asunto parece algo relativamente de poco valor en lo concerniente al trato con un hijo. Sin embargo, a medida que trabajamos con los chicos, observamos las comunicaciones entre padres e hijos, y analizamos los hallazgos de las investigaciones, nos damos cuenta de lo esencial que es este contacto visual. Ese contacto directo es crucial, no solo para conseguir un buen acercamiento comunicacional con el niño, sino también para satisfacer sus necesidades emocionales. Sin percatarnos de ello, utilizamos ese tipo de contacto como un medio primordial para transmitir amor, en especial a los niños. El pequeño usa el contacto visual con sus padres (y con otros), para nutrirse emocionalmente. Cuanto más usan los padres ese contacto con sus hijos como un recurso para expresar su amor, más se les alimenta su necesidad de amor y más se les llenan sus tanques emocionales.

¿Qué es contacto visual? Consiste en mirar directamente a los ojos de otra persona. El contacto visual es muy relevante en muchas situaciones. ¿Has intentado alguna vez sostener una conversación con alguien que esté mirando continuamente en otra dirección incapaz de mantener sus ojos fijos en los tuyos? Es difícil. Es más, eso afecta nuestros sentimientos hacia la otra persona. Tendemos a amar a la gente que mantiene un contacto visual o una mirada agradable con nosotros. Dicha mirada, desde luego, es grata cuando va acompañada de palabras y expresiones sencillas (como la sonrisa) también agradables.

Por desdicha, los padres —sin darse cuenta de ello— pueden utilizar una mirada para transmitir otros mensajes a sus hijos. Por ejemplo, ciertos padres pueden dirigir una mirada amorosa a los ojos de su hijo solo bajo determinadas condiciones, como cuando este actúa especialmente bien y los enorgullece. Esto lo interpreta el hijo como amor condicional. Como mencionábamos en el capítulo anterior, un niño no puede crecer y desarrollarse bien en tales circunstancias. Aun cuando amemos profundamente a nuestro hijo, debemos darle una mirada apropiada; de otra manera, recibirá el mensaje indebido y no se sentirá genuinamente amado (incondicionalmente).

Es fácil para los padres desarrollar el terrible hábito de usar el contacto visual principalmente cuando quieren hacerle hincapié en algo —sobre todo negativo— a un niño. Nos damos cuenta de que los chicos nos prestan más atención cuando les miramos fijamente a los ojos. Podemos hacer esto mayormente para dar instrucciones o para regañar y criticar. Sin embargo, es un error terrible.

Recuerda que el contacto visual es una de las principales fuentes de nutrición emocional del niño. Cuando un padre emplea este poderoso medio de control que tiene a su disposición primordialmente de una manera negativa, el hijo no puede menos que ver a su progenitor de un modo fundamentalmente negativo; y aunque quizás parezca que da buenos resultados cuando el niño es pequeño, ese niño es obediente y dócil a causa del temor; pero, a medida que se va haciendo mayor, dicho temor da paso a la ira, al resentimiento y a la depresión. Vuelve a leer las declaraciones de Tom: esto es lo que nos dice.

¡Si sus padres lo hubieran sabido! Ellos lo amaban profundamente, pero no estaban conscientes de que muy pocas veces le daban esa mirada; y cuando lo hacían, era porque querían transmitirle instrucciones específicas o disciplinarlo. Tom sabía intrínsecamente que sus padres, de alguna manera, lo querían pero a causa del modo en que usaban aquel ingrediente crítico del contacto visual, el muchacho siempre había estado confuso y perplejo en cuanto a los verdaderos sentimientos que tenían por él. ¿Recuerdas la expresión del chico: «Nadie se interesa por mí excepto mis amigos»? Cuando repliqué: «¿Nadie?», él dijo: «Quizás mis padres. No sé». Tom sabe que se debe sentir amado; pero no es así.

Una costumbre todavía peor en la cual los padres pueden caer, es en efecto el evitar el contacto visual a modo de castigo. Esto es algo cruel y, a menudo, lo hacemos con nuestro cónyuge (¡vamos, admítelo!). El negarnos conscientemente a dirigir un contacto visual a los niños, es por lo general más doloroso que el castigo corporal; puede tener un efecto devastador y ser uno de aquellos incidentes en la vida de un hijo que este nunca olvide.

Hay varios tipos de circunstancias entre un padre (o una madre) y su hijo que pueden tener efectos para toda la vida; acontecimientos que un niño, y a veces también dicho padre o madre, nunca olvidan. La retirada intencional del contacto visual de un niño como una manera de mostrar desaprobación, puede ser uno de ellos, y es evidentemente un ejemplo de amor condicional. Un padre o una madre sabios harán todo lo que esté en su poder para evitar tal cosa.

Las maneras que tenemos de manifestar amor a un niño, no deberían estar controladas por nuestro estado de ánimo. Debemos mostrar nuestro amor de un modo consistente, firme, sin importar cuál sea la situación. Podemos ocuparnos de la mala conducta de otras formas, las cuales no interfieran con el acto de dar amor. Más adelante hablaremos de la disciplina y de la manera de utilizarla sin romper los lazos de amor. Lo que hemos de entender a estas alturas es que los padres deben usar el contacto visual como un medio continuo para transmitir amor; y no meramente como un recurso de disciplina.

Somos ejemplos

Todos sabemos que los niños aprenden imitando papeles; es decir, comparándose con nosotros. También adquieren del mismo modo el arte y uso del contacto visual. Si le damos a un niño una mirada positiva y amorosa continuamente, él hará lo mismo; si utilizamos esta como una manera de mostrar nuestro disgusto, lo mismo sucederá en su caso.

¿Conoces a algún niño que parezca antipático o incluso detestable? Lo más probable es que te mire solo por un breve período la primera vez que te vea; y de allí en adelante, únicamente cuando tengas algo particularmente interesante que decir o hacer. De otro modo, evita mirarte. Ese contacto visual fugaz, es molesto, detestable y puede ser incluso irritante. Ahora, observa de qué manera los padres de dicho niño utilizan con él su contacto visual. ¿Hay alguna semejanza?

Imagínate la clara desventaja que este niño tiene y tendrá a lo largo de toda su vida. Piensa lo difícil que será para él establecer amistades y otras relaciones íntimas; lo rechazado y poco amado que será por sus compañeros, no solamente ahora, sino probablemente siempre, ya que las posibilidades de romper con su pauta de referencia no son nada prometedoras. En primer lugar, no se da cuenta de que hace eso; y en segundo, cambiar su pauta es extremadamente difícil, *a menos que los padres cambien su propia norma en cuanto al contacto visual antes de que el niño sea demasiado mayor.* Esta es la mejor esperanza para un niño.

En cierto estudio que se llevó a cabo en el pabellón pediátrico de un hospital general, se descubrió un ejemplo perfecto de esta tragedia. El investigador estaba sentado en un extremo del pasillo anotando el número de veces que las enfermeras y los voluntarios entraban en las habitaciones de cada uno de los chicos. Se observó que algunos niños eran visitados mucho más a menudo que otros. Las razones eran sorprendentes. Desde luego, ello estaba relacionado con lo seria que fuera la enfermedad; y con el cuidado que necesitara cada niño. Pero eso no explicaba la gran diferencia que había en el número de contactos con los pacientes. Probablemente ya lo habrás pensado: los niños más populares recibían más atención. Cuando las enfermeras o los voluntarios tenían un momento libre o la posibilidad de elegir respecto a en qué habitación entrar, naturalmente escogían al niño con el que se podían relacionar de la manera más agradable.

¿Qué hacía a unos niños más agradables que otros? Había varias razones: como la viveza, la facilidad de palabra y la espontaneidad; pero el factor más congruente era el contacto visual. Los niños menos populares solían en un principio mirar al visitante brevemente y luego, al instante, bajar la vista o mirar hacia otro lado. Un poco más tarde, dichos niños evitaban el contacto visual; haciendo difícil el relacionarse con ellos. Naturalmente, los adultos se sentían incómodos con tales niños; y las enfermeras y los voluntarios, sin darse cuenta del papel que jugaban en cuanto a iniciar la comunicación, no los entendían; dando por supuesto que los niños querían estar solos o que no les tenían simpatía. Por consiguiente, se evitaba a esos niños; haciendo que se sintieran aun menos amados, menos queridos y con menos valía.

Lo mismo sucede en miles de hogares. Eso es lo que ocurrió en el de Tom. Ello se habría podido corregir con un cariño continuo y un contacto visual agradable (amor incondicional) por parte de sus padres. Si estos hubieran sabido aquello (así como otros hechos básicos acerca del amor a los niños que mencionaremos a continuación), no habrían tenido tales problemas con su hijo Tom.

Síndrome del cese del crecimiento

Otro hallazgo importante de nuestras investigaciones tuvo lugar también en un pabellón pediátrico; pero esta vez en el hospital de una universidad. Estábamos estudiando el extraño fenómeno conocido como el síndrome del cese del crecimiento. En esta enfermedad, los niños —generalmente entre los seis y los doce meses de edad— dejan de desarrollarse. Muchas veces cesan de comer y de crecer y se hacen indiferentes y letárgicos; y muchos mueren en realidad sin que haya razón aparente. Todas las pruebas y todos los exámenes físicos resultan normales.

¿Por qué pierde un niño su deseo de vivir? En la mayoría de los casos, sabemos que los padres han rechazado al niño, a menudo de una manera inconsciente (sin darse cuenta). Al ser incapaces de tratar a conciencia con sus sentimientos de rechazo hacia su hijo, los desechan inconscientemente con su comportamiento. Se ha descubierto que dichos padres evitan el contacto visual y el contacto físico con sus hijos; aunque por otra parte cumplen con su trabajo de proveerles alimentación y ropa.

El síndrome del cese del crecimiento es un fenómeno sorprendente, pero otros descubrimientos lo son todavía más. Durante los bombardeos nazis a Londres en la Segunda Guerra Mundial, se sacaron de la ciudad a muchos niños pequeños para protegerlos colocándolos con adultos en el campo. Los padres de aquellos niños se quedaron en Londres. Aunque las criaturas estaban básicamente bien cuidadas en lo físico: es decir limpias, bien alimentadas y cómodas; en lo emocional, sin embargo, sufrían serias privaciones, ya que no había suficientes vigilantes para darles la crianza debida por medio del contacto visual y el físico.

La mayoría de aquellos niños quedaron emocionalmente perturbados e impedidos, hubiera sido mucho mejor haberlos dejado con sus madres. El riesgo del daño emocional era mayor que el del perjuicio físico.

El peligro y las trampas que esperan a un niño débil emocionalmente son aterradores. ¡Padres, hagan fuertes a sus hijos! La mejor herramienta que tienen para ello es el amor incondicional.

El contacto visual y el proceso de aprender

En mi trabajo con el *Headstart Program* [programa para preescolares] me gusta enseñar a esos maravillosos maestros acerca del contacto visual y el físico, en el que les explico cómo afectan estos contactos la ansiedad y la habilidad del pequeño para aprender.

Un maestro identificará a un niño de tres o cuatro años que es evidentemente ansioso, temeroso e inmaduro por lo difícil que le resulte a este mirar directamente o sostener la vista. Una privación emocional leve o moderada, puede hacer que un niño tenga dificultad con el contacto visual.

El niño extremadamente ansioso, tendrá además problemas para acercarse a un adulto (y muchas veces también a sus compañeros). Un niño criado normalmente en lo emocional podrá acercarse a la maestra dirigiéndose directo hacia ella, mirándola fija y decididamente y hablando lo que tiene en su mente; por ejemplo: «¿Me puede dar un papel?» Cuanto más pobre sea un niño emocionalmente, tanto más difícil le será hacer esto.

En un aula común y corriente no es difícil hallar por lo menos a un niño (por lo general un chico) que esté tan ansioso y temeroso que no pueda mantener bien el contacto visual, que hable con gran indecisión (y que a menudo no hable si no es enredándose) y se acerque a su maestro con cierta precaución. A veces, dicho niño solo será capaz de acercarse a su profesor con mucha vacilación. Desde luego, a tales niños les cuesta mucho aprender por lo ansiosos y tensos que son.

Cuando encontramos a uno de esos infortunados pequeños, le pido al maestro que le enseñe algo mientras se halla sentado al otro lado de la mesa enfrente de su alumno. Luego, le invito a que tome al niño y le mire a los ojos de vez en cuando (tanto como este último pueda soportar) mientras le habla. Un ratito después, vuelvo a pedir al profesor que enseñe algo al pequeño mientras le mantiene asido. El maestro se queda asombrado —como lo estoy yo siempre— al ver cuánto más fácil le resulta al chiquillo aprender una vez que se han atendido primeramente sus necesidades emocionales. Con la mirada fija y el contacto físico, el maestro ha apaciguado los temores y la ansiedad del pequeño, y ha aumentado su sensación de seguridad y confianza. Esto, a su vez, capacita a este último para aprender mejor. ¿Sencillo? Claro que sí. Entonces, ¿por qué no lo hacemos más a menudo? Creo que por muchas razones, que varían entre el temor a parecer poco profesional, o el miedo a mimar al niño, hasta el de que podamos perjudicarle en una manera imprecisa. Si hay algo de lo que no tenemos que preocuparnos es de dar a un niño demasiado amor.

En un lugar nuevo

Estoy muy agradecido como padre por lo que he aprendido acerca de la importancia del contacto visual. Esto ha hecho una gran diferencia con mis propios hijos. Por ejemplo, nunca olvidaré cuando acabábamos de mudarnos a nuestra casa actual. Nuestros dos chicos tenían seis y dos años en aquella época y eran alegres, activos y normalmente independientes.

Una semana después de trasladarnos, notamos que un cambio estaba sucediendo en los dos. Se estaban volviendo quejumbrosos, pegajosos, se enfadaban fácilmente, se peleaban mucho, siempre estaban en medio y estaban irritables. En aquel tiempo, mi esposa Pat y yo tratábamos por todos los medios de que la casa quedara lista antes de que tuviera que presentarme en mi nuevo trabajo. Ambos estábamos empezando a sentirnos molestos e irritados por la conducta de los niños, pero nos figurábamos que era a causa del traslado.

Cierta noche, me hallaba pensando acerca de mis chicos y tuve la idea de imaginarme a mí mismo en lugar de ellos. De repente, la respuesta a sus problemas conductuales me golpeó como un martillazo. Pat y yo estábamos con los niños noche y día, y hablábamos con ellos a menudo; pero estábamos tan afanados en el trabajo de la casa que nunca les prestábamos realmente la atención debida; jamás los mirábamos directamente y muy pocas veces teníamos contacto físico con ellos. Sus tanques emocionales se habían quedado secos y, *con su comportamiento,* lo que estaban era preguntando: «¿Me quieres?» A la manera de los niños, normalmente irracional, estaban inquiriendo: «¿Me quieres ahora que estamos en un sitio nuevo? ¿Siguen siendo las cosas igual entre nosotros? ¿Todavía me quieres?» Esto es muy típico de los niños durante las temporadas de cambio.

Tan pronto como comprendí el problema, le conté mis pensamientos a Pat. Creo que al principio estaba un poco escéptica, pero para entonces se encontraba lista para intentar lo que fuera.

El día siguiente, miramos directamente a los niños siempre que pudimos, cuando hablaban con nosotros (escuchando activamente), y cuando lo hacíamos nosotros con ellos. Siempre que era posible, los abrazábamos y les prestábamos mucha atención. El cambio fue dramático. Cuando sus tanques emocionales estuvieron llenos, se convirtieron otra vez en los niños alegres, radiantes y revoltosos que eran, por lo que estorbaban mucho menos y jugaban más entre sí, manteniéndose felices. Pat y yo estuvimos de acuerdo en que aquellos habían sido unos momentos muy bien aprovechados. Los compensamos más que de sobra cuando los niños dejaron de estorbar. Pero lo que era más importante: volvieron a estar alegres.

Nunca es demasiado temprano

Permíteme darte una ilustración más acerca de la importancia del contacto visual. Los ojos de un niño empiezan a enfocarse en las cosas alrededor de las dos a tres semanas después de su nacimiento. Una de las primeras imágenes que capta la atención de la criatura es el rostro humano; pero en particular, dicha atención se concentra en los ojos.

Después de que un niño tiene aproximadamente seis u ocho semanas, notarás que sus ojos están siempre moviéndose y dan la sensación de que buscan algo. Estos se asemejan a dos antenas de radar en constante movimiento y búsqueda. ¿Sabes lo que están buscando? Creo que ya lo entiendes: están tratando de encontrar otro par de ojos. Tan pronto como a los dos meses, esos ojos se encuentran con otros. Ya el niño se está alimentando emocionalmente e incluso en esa edad tan temprana su tanque emocional necesita llenarse.

¿Prodigioso, verdad? No es extraño que la manera de un niño de relacionarse con este mundo, y sus sentimientos hacia el mismo, se formen tan temprano en su vida. La mayoría de los investigadores afirman que la personalidad básica de los niños, su modo de pensar, su manera de hablar y otros rasgos críticos, están bien establecidos a la edad de cinco años.

Nunca es demasiado temprano para empezar a darle a un niño afecto continuo, cariñoso y consistente. Sencillamente, el niño *debe* tener ese amor incondicional para enfrentarse mejor al mundo de hoy. Y tenemos un método muy simple pero extremadamente poderoso para dárselo. El contacto visual, sin embargo, se puede usar de un modo indebido como dispositivo de control, como dijimos anteriormente. De cada padre depende el utilizar dicha mirada para transmitir amor incondicional.

Aunque hemos aludido a la necesidad de contacto físico del niño, exploremos ahora el tema con cierta profundidad.

5

CÓMO MOSTRAR AMOR A TRAVÉS DEL CONTACTO FÍSICO

Parece que la forma más obvia de transmitir nuestro amor a un niño es mediante el contacto físico. Como cosa sorprendente, los estudios muestran que la mayoría de los padres solo tocan a sus hijos cuando es estrictamente necesario: por ejemplo para ayudarlos a vestirse, a desnudarse o a entrar en el coche. De otro modo, pocos aprovechan esa manera agradable y fácil de dar a sus hijos ese amor incondicional que tan desesperadamente necesitan. Uno pocas veces ve a un padre o a una madre que, de su propia voluntad o sin ninguna razón, aproveche la ocasión para tocar a su hijo.

No me refiero únicamente al abrazar, besar y cosas por el estilo; sino que estoy hablando también acerca de cualquier otro tipo de contacto físico. Es algo tan sencillo tocar a un niño en el hombro, darle un codazo suave en las costillas, o revolverle el pelo... Cuando uno observa de cerca cómo se comportan los padres con sus hijos, se da cuenta de que muchos en realidad tratan de tener el mínimo contacto físico con ellos. Es como si esos pobres padres tuvieran la idea de que sus hijos son como muñecos mecánicos que andan, y que de lo que se trata es de conseguir que caminen y se comporten correctamente con la menor ayuda posible. Tales padres no saben las oportunidades tan fantásticas que están desaprovechando. Tienen en las manos una manera de garantizar la estabilidad emocional de sus hijos y su propio éxito como padres.

Es alentador ver a algunos que han descubierto este secreto del contacto físico junto con el del contacto visual.

Los científicos han descubierto que el tacto juega un papel sorprendente en nuestro bienestar físico y mental, lo cual comienza desde el nacimiento; afirma un artículo en enero de 1992 de *Reader's Digest*, «El sentido que da forma a nuestro futuro». El autor, Lowell Ponte, señala que los investigadores de Touch Research Institute de la Escuela de Medicina de la Universidad de Miami demostraron que los bebés prematuros que recibieron tres períodos de quince minutos de movimientos con masaje lentos y firmes cada día mostraron un aumento de peso cuarenta y siete por ciento mayor que sus compañeros que no recibieron esta atención. Los bebés prematuros que fueron masajeados también exhibieron mejor sueño, estado de alerta y actividad. Hasta ocho meses más tarde mostraron mayores habilidades mentales y físicas.

El doctor Michael Meaney, psicólogo de Douglas Hospital Research Center de la Universidad McGill en Montreal, demostró que tocar a las ratas bebé durante las primeras semanas de vida hace que se desarrollen receptores que controlan la producción de glucocorticoides.

Estos son poderosos derivados químicos que causan una multitud de problemas, incluido el deterioro del crecimiento y el daño a las células cerebrales. Durante su investigación, concluyó el artículo, nació la primera hija del doctor Meaney, que en la temprana infancia de la niña comprobó su teoría abrazándola más de lo normal. «Nuestra evidencia», lo citaron diciendo, «sugiere que el abrazo que le doy a mi hija hoy la ayudará a llevar una vida más feliz y más saludable. El que la tocara puede estar dando forma a su futuro».

El artículo también señaló que el contacto físico con las enfermeras y los seres queridos puede hacer maravillas en los pacientes hospitalizados, aliviando la ansiedad, los dolores de cabeza debido a la tensión y, a veces, hasta reduciendo los latidos rápidos del corazón y las arritmias cardíacas.

En una ocasión mi hijo, que entonces tenía ocho años, jugaba en la liga «Peanut» de béisbol, y yo me sentaba en las gradas para verlo. Durante los partidos, disfrutaba especialmente contemplando a un padre que había descubierto los secretos del contacto visual y del contacto físico. Con frecuencia, su hijo subía para decirle algo; era evidente que había entre ellos un fuerte lazo afectivo. Mientras hablaban, los ojos del uno estaban fijos en los del otro sin ningún titubeo; y su comunicación incluía mucho contacto físico apropiado, sobre todo cuando se decían algo divertido. A menudo, ese padre le ponía la mano sobre el brazo a su hijo, o con su propio brazo rodeaba los hombros de aquel; y a veces le daba una palmadita en la rodilla. De vez en cuando, le golpeaba suavemente en la espalda o atraía al chico hacia sí; en particular cuando se hacía un comentario humorístico. Uno podía darse cuenta de que ese padre utilizaba el contacto físico en cuanto le era posible, siempre que él mismo y el niño estuvieran cómodos y fuera apropiado.

A veces, la hija adolescente de aquel mismo hombre venía a ver jugar a su hermano. Se sentaba con su padre; ya fuera al lado de este o exactamente enfrente. Otra vez, en una de esas ocasiones, aquel solícito e inteligente padre se relacionaba con su hija de una manera apropiada. Utilizaba mucho el contacto visual y el físico; pero debido a la edad de la chica no se la sentaba sobre las rodillas ni la besaba (como hubiera hecho de ser ella más pequeña). Con frecuencia le tocaba ligeramente la mano, el brazo, el hombro o la espalda; y algunas veces le daba una palmadita en la rodilla o ponía el brazo alrededor de sus hombros brevemente y la agitaba ligeramente hacia sí, sobre todo cuando sucedía algo divertido.

Dos dones preciosos

Debemos incorporar el contacto físico y el visual en todo el trato diario con nuestros niños. Ambas cosas deberían ser naturales, agradables y no llamativas o exageradas. Un niño que crece en un hogar donde los padres usan contacto visual y físico se sentirá a gusto consigo mismo y con otra gente; le será fácil comunicarse con los demás y, por consiguiente, caerá bien y tendrá el debido amor propio. El contacto visual y el físico apropiados y frecuentes son dos de los regalos más preciosos que podamos darles a nuestros hijos. Ambos (junto con la atención enfocada; más adelante en el capítulo seis), constituyen las maneras más efectivas de llenar el tanque emocional de un niño y capacitarlo para que desarrolle su máximo potencial.

Por desdicha, los padres de Tom no habían descubierto el secreto del contacto visual y el físico. En el capítulo anterior vimos que usaron mal lo primero. También tenían la idea de que el contacto físico era ideal con las chicas, porque «necesitaban afecto»; pero creían que a los niños se les debía tratar como a hombres, y que el cariño «afeminaría» a Tom. Aquellos padres afligidos no entendían que lo cierto es lo opuesto, y que cuanto más se satisfacen las necesidades emocionales del chico mediante el contacto físico y el visual —especialmente el de su padre—, tanto más se identificará aquel con el sexo masculino y tanto más viril será. El señor y la señora Smith pensaban también que a medida que un chico se va haciendo mayor, su necesidad de afecto —en particular de afecto físico— cesa. En realidad, la necesidad que tiene un chico de contacto físico nunca se acaba; aunque el tipo de contacto sea diferente.

Cuando es pequeño, el chico necesita ser tomado en brazos, acariciado, mimado, abrazado y besado. Mi hijo más pequeño llama a esto «amor pegajoso». Este tipo de cariño físico es crucial desde el nacimiento, hasta que el niño llega a los siete u ocho años de edad, ¡crucial de verdad! Las investigaciones muestran que las niñas menores de doce meses reciben cinco veces más afecto físico que los chicos de la misma edad. Estoy convencido de que esta es una de las razones por las cuales los varones (desde los tres años hasta la adolescencia) tienen más problemas que las niñas. En las clínicas siquiátricas se examinan cinco o seis veces más niños que niñas. Esta proporción cambia de un modo dramático durante la adolescencia.

Por lo tanto, es manifiesta la importancia que tiene el que los chicos reciban tanto cariño (y a menudo necesitan más) como las niñas durante sus años más tiernos. A medida que los chicos crecen y se hacen mayores, disminuye su necesidad de afecto físico, cosas como los abrazos y los besos; pero no todo tipo de contacto físico. En vez del «amor pegajoso» de antes, ahora quiere un contacto «de chico»… como la lucha juguetona, el darse empellones con otro, las palmadas en la espalda, el pegarse y boxear en broma, los abrazos de oso, el «choca esos cinco» (darle a otro la mano en un momento de celebración). Esas formas de contacto físico con un chico son medios tan genuinos de darle atención como los abrazos y los besos. No olvides que el niño *nunca* deja de tener necesidad de *ambos* tipos de contacto.

A medida que mis chicos se van haciendo mayores, y cada vez menos receptivos a que los tenga en brazos, los abrace y los bese, todavía hay veces cuando necesitan de eso y lo quieren; por lo que debo estar alerta para darles esos gestos en cada oportunidad que se presente. Esto sucede por lo general cuando han sido heridos (ya sea física o emocionalmente), están muy cansados, se encuentran enfermos y en momentos especiales, como a la hora de acostarse o cuando ha sucedido algo triste.

¿Recuerdas los momentos especiales de los que hablamos en el capítulo cuatro? ¿Momentos que tienen un significado muy particular para un niño, tanto que *nunca los olvidarán?* Estas oportunidades especiales en las que damos a nuestros hijos un contacto físico cariñoso (abrazos y besos), *especialmente cuando se van haciendo mayores,* son algunos de los momentos más especiales que tu hijo recordará cuándo se encuentre en las angustias de la adolescencia… cuando un joven se halla en el conflicto entre, por un lado, la rebelión; y, por otro, el afecto por sus padres. Cuantos más recuerdos especiales tengan entonces, más firmes podrán estar contra la confusión de la adolescencia.

Estas preciosas oportunidades son limitadas. El niño pasa pronto de una etapa a la siguiente, por eso —antes de que nos demos cuenta—, las ocasiones para darle lo que necesita han venido y se han ido. ¿No es este un pensamiento sombrío?

Hay algo más que me gustaría puntualizar acerca del dar afecto físico a los chicos. Es más fácil darle ese afecto a un niño cuando es pequeño... sobre todo entre los doce y los dieciocho meses. Sin embargo, a medida que se va haciendo mayor, esto se vuelve más difícil. ¿Por qué? Una de las razones, como ya mencionamos antes, es la hipótesis falsa de que el manifestar físicamente cariño es algo femenino. Pero la razón que quisiera exponer aquí es que la mayoría de los chicos se hacen menos atractivos para la gente a medida que crecen. Por ejemplo, a muchas personas no les atrae un niño de siete u ocho años, al que encuentran irritante y a menudo grotesco. Con objeto de darle a un chico lo que debe recibir emocionalmente, tenemos que reconocer esos desagradables sentimientos en nosotros mismos, resistirlos y seguir adelante con nuestro deber como madres y padres.

Hablemos ahora de las chicas y de sus necesidades. Estas, por lo general, no manifiestan tanta franqueza como los chicos en cuanto a la privación emocional durante sus primeros siete u ocho años. En otras palabras, no hacen tan evidentes sus necesidades afectivas. He visto a muchísimos niños desposeídos emocionalmente y, por lo general, es muy fácil decir qué chicos son los que sufren... su aflicción casi siempre es obvia. Sin embargo, las niñas parecen más capaces de salir adelante y son menos afectadas por la falta de crianza emocional *previa* a la adolescencia. No te dejes engañar por esto. Aunque las chicas no muestren su infelicidad tanto cuando son pequeñas, sufren intensamente si no se las cuida, del modo debido, en lo emocional. Ello llega a ser muy evidente cuando se van haciendo mayores; en especial durante la adolescencia.

Una de las razones por las que esto sucede, se halla en el asunto del contacto físico. Recuerda que este contacto, particularmente del tipo más afectivo (el tomarles en brazos, abrazar, besar), es vital para los chicos durante sus años más tiernos. Cuanto más pequeño sea un niño, más esencial será para él el contacto afectivo. Mientras que, con una niña, el contacto físico (sobre todo del tipo más afectivo) *aumenta* en importancia a medida que esta se hace mayor, y llega a su apogeo cuando tiene alrededor de once años. Nada me conmueve más el corazón que una chica de once años que no está recibiendo la crianza emocional adecuada. ¡Qué edad más crítica!

El cambio de personalidad de Sharon

—¡No puedo creerlo! Sharon debe ser el doctor Jekyll y el señor Hyde —exclamó la señora de Francisco en su primera conversación conmigo referente a su hija de quince años—. Siempre ha sido una chica callada y tímida, que realmente nunca se portaba mal. De hecho, había que empujarla a que hiciera cosas, en especial durante los últimos meses. Por algún tiempo, no podía conseguir que hiciera nada; parecía aburrida de la vida. Perdió el interés en todo; especialmente en las tareas de la escuela. Daba la impresión de que estaba perdiendo toda su energía. La llevé al pediatra, pero este no pudo encontrarle nada; luego hablé con el consejero de la escuela y con sus profesores, que también estaban preocupados por la actitud de Sharon y su aburrimiento. Algunos amigos me dijeron que no me preocupara; que se trataba de una etapa pasajera. Yo esperaba que estuvieran en lo cierto, pero tenía mis dudas. Entonces, un día llamé a cierta amiga mía que tenía una hija de la edad de Sharon, y me dijo que ella creía que Sharon estaba metida en drogas. No pensaba que mi hija fuera ese tipo de chica, pero registré su habitación de todas formas y encontré marihuana.

»Por primera vez en su vida actuó de un modo horrible. Me gritó y chilló, diciendo que lo que yo estaba haciendo era inspeccionar sus cosas, y que no tenía derecho a entremeterme en sus asuntos privados. Me quedé aturdida ante su actitud desafiante. »Aquel pareció ser el comienzo de su cambio de personalidad. Ahora está enfadada todo el tiempo; es sencillamente detestable. Exige que la deje salir con la peor gente de la escuela y me asusta pensar en lo que puedan estar haciendo.

»Ahora lo único que le preocupa es estar lejos de casa con sus amigos. ¿Qué va a ser de ella, doctor Campbell? No podemos controlarla.

—¿Actúa Sharon de la misma manera con su padre? —le pregunté.

—Por alguna razón es mucho mejor con mi esposo; pero incluso a él se le está haciendo cada vez más difícil razonar con ella. De todos modos él no se halla cerca a menudo para ayudar. Está muy ocupado; y se pasa viajando la mayor parte del tiempo. Ni siquiera nos dedica mucha atención cuando está aquí. Los niños lo adoran y quieren estar con él; pero enseguida encuentra algo que ellos han hecho mal y se les echa encima a causa de ello. Yo sé que se interesa de veras por nuestros hijos; pero él es así.

La historia es trágica, pero corriente. Una chica normal y bien dotada que durante casi trece años había sido franca, dócil y fácil de amar. Como todos los chicos, su preocupación principal era: «¿Me quieres?» Durante unos trece años, sus padres tuvieron una oportunidad casi continua de contestar su pregunta y de mostrarle su amor por ella. Al igual que todas las otras chicas, su necesidad de amor demostrable aumentó con el paso del tiempo, y alcanzó su punto máximo al llegar aproximadamente a los once años, la edad supercrítica cuando las chicas tienen una necesidad casi desesperada de contacto visual abundante, de atención enfocada y, notablemente, de contacto físico, sobre todo por parte del padre.

Preparación para la adolescencia

¿Por qué es tan importante el amor afectivo para las chicas alrededor de la preadolescencia? La respuesta es: hay que prepararse para la adolescencia. Todas las chicas entran en esa etapa con cierto grado de preparación: unas bien preparadas y otras no.

Los dos aspectos más importantes de esta preparación son la imagen propia y la identidad sexual. Al llegar a este punto, consideremos la identidad sexual en una chica que se está desarrollando. Como ya mencionamos, la necesidad de cariño de una chica, aumenta a medida que se va haciendo mayorcita. Cuando se acerca a la adolescencia, sabe intuitiva o inconscientemente que la manera en que aguante esos turbulentos años adolescentes, dependerá de cómo se sienta consigo misma. Es algo esencial para ella aceptarse a sí misma como mujer. Si se siente a gusto como «mujer» cuando entra en la adolescencia (por lo general entre los 13 y los 15 años), esta será relativamente tranquila, agradable y cómoda, con los altibajos habituales. Cuanto más estable y sana sea su identidad sexual, mejor podrá resistir la presión del ambiente. Por otro lado, cuanto menos femenina se considere a sí misma —como es debido—, menos estable será. En tal caso, su susceptibilidad a la presión de los compañeros (especialmente de los varones) será mayor, y menor su capacidad para mantener los valores de sus padres.

La identidad sexual es la aprobación propia como mujer; y la chica recibe dicha identidad sexual, en esa edad, principalmente de su padre; siempre que esté vivo, y en particular si se halla en el hogar. Si el padre ha muerto o está destituido de otro modo del trato con su hija, la chica debe buscar otra figura paternal para satisfacer esas necesidades. Pero cuando un padre tiene alguna relación posible con su hija, él es la persona principal que la puede ayudar a prepararse de esta manera particular para la adolescencia. ¡Qué gran responsabilidad!

El padre ayuda a su hija a probarse a sí misma mostrándole que él mismo la aprueba; y esto lo hace aplicando los principios que hemos discutido hasta ahora: el amor incondicional, el contacto visual y el físico, así como además la atención enfocada. La necesidad que tiene una hija de que su padre haga esto, comienza tan pronto como a los dos años. Dicha necesidad, aunque es importante en las edades más tiernas, se hace mayor a medida que la niña va creciendo y se acerca a aquella casi mágica edad de los trece años.

Un problema que existe en nuestra sociedad, es que cuando la niña se va haciendo mayor, por lo general su padre se siente cada vez más incómodo en cuanto a darle el afecto que necesita; sobre todo cuando llega a la preadolescencia (a los diez o doce años aproximadamente). Así que, al llegar una hija a la edad en la que más necesita el cariño de su padre, este se siente más torpe e incómodo, y más en cuanto al contacto físico. Eso es algo extremadamente desdichado. Padres, debemos olvidarnos de nuestra incomodidad y dar a nuestras hijas lo que es vital para ellas a lo largo de toda su vida.

Nuestro juez del tribunal de menores

Como la mayoría de los padres, tengo mis dificultades para darles a mis hijos todo lo que necesitan en el aspecto emocional, en particular el contacto físico para mi hija adolescente y la atención enfocada. La mayor parte de las tardes vuelvo a casa del trabajo exhausto física y emocionalmente. ¿Cómo puedo encontrar la energía y los recursos para darle a mi familia —y sobre todo a mi hija— en los momentos en que me necesita, después de agotarme en mi trabajo? Con mi propia hija, la necesidad de mi atención ha estado surgiendo últimamente cuando ha tenido algún mal entendido con su grupo de compañeros; quizás con otra chica que le ha sido hostil porque estaba celosa. Algunas veces, ella no entiende la causa de los celos e intenta encontrar la falta en sí misma. En tales ocasiones, yo sé lo que *debo* hacer. Debo ir a su habitación, hablar con ella acerca de cualquier cosa que tenga en su mente, darle todo el contacto visual y físico que necesite entonces, y esperar pacientemente hasta que encuentre la oportunidad de compartir conmigo su dolor y su confusión. Luego aclaro lo que ella entiende de la situación. Después de un rato, se da cuenta del hecho de que no se trata de nada que ella haya hecho mal o por lo que debería culparse a sí misma. Entonces, por lo general, ve la situación suficientemente clara como para evitar otras dificultades parecidas.

De cualquier forma, esta es la manera de la que me *gustaría* que fuera; pero, como digo, muy pocas veces reboso de la energía y el entusiasmo suficientes para llevar ello a cabo. Por lo general, todo lo que deseo hacer es cenar, sentarme en mi silla favorita, leer el periódico y descansar.

Permíteme decirte qué es lo que me ha ayudado a vencer esta inercia. Cuando mi hija (o uno de mis chicos) me necesita, y todo mi cuerpo es atraído como un imán hacia la silla o la cama, pienso en mi amigo, nuestro buen juez del tribunal de menores. Es alguien a quien aprecio y respeto profundamente; y una de las cosas más humillantes y trágicas que podría sucedernos a mí o a mi familia, sería tener que aparecer ante su tribunal con uno de mis hijos acusado —digamos— de algo relacionado con drogas. Por eso me digo a mí mismo: «Campbell, uno de cada seis niños se presenta ante el tribunal de menores; si quieres estar seguro de que no esté incluido ninguno de los tuyos, lo mejor que puedes hacer es poner manos a la obra y darles lo que necesitan en vez de preocuparte por ti mismo». El solo pensamiento de tener que aparecerme delante del juez con mi hijo acusado de algo es insoportable; y por lo general, funciona. Así que dejo cualquier otra cosa y hago lo que sé que debo hacer como padre.

Volvamos al contacto físico. Cierto día estaba meditando en su importancia, y en lo esencial que es, y sin embargo cómo la mayoría de los padres parecen considerarlo tan elemental y simplista; suponemos que lo estamos proveyendo, cuando en realidad pocas veces lo hacemos. Estaba tratando de pensar en una ilustración para recalcar este problema, cuando mi querida esposa dio con un artículo inusual que trataba de las sectas religiosas, e incluía la Iglesia de la Unificación (de Moon). Un joven a quien entrevistaban, declaró que dicha secta le había lavado el cerebro.

Una de las técnicas más poderosas fue utilizada como sigue: En una atmósfera cargada emocionalmente, y estando rodeado de varios miembros de la organización, se requirió que el joven pensara en su niñez y recordara momentos dolorosos. Él contó un incidente que aconteció cuando tenía tres años. Recordaba que se sentía solitario y afligido, por lo que trató de buscar consuelo en el contacto físico con su madre. Como esta no tenía tiempo para dedicarle en aquel momento, se sintió rechazado. Entonces, los adeptos de Moon lo acogieron, lo abrazaron (contacto físico) repetidas veces, afirmando que *ellos* lo amaban (implicando desde luego que su madre no).

¿Alarmante, verdad? El hecho de que en los Estados Unidos haya hoy docenas de esas sectas religiosas que intentan cautivar la mente de nuestros hijos, es bastante inquietante. Pero lo que es aun peor, es que pueden hacerlo porque los padres están fallando en cuanto a proveer para las necesidades emocionales básicas de sus hijos mediante el amor incondicional. Las estadísticas demuestran que los padres no estamos haciendo esto último.

Sin embargo, es un hecho que la mayoría de los padres aman a sus hijos. Otra vez, el problema básico consiste en que no estamos conscientes de que *debemos* transmitir dicho amor a nuestros niños *antes que ninguna otra cosa:* antes de la enseñanza, antes del consejo, antes del ejemplo y antes de la disciplina. El amor incondicional debe ser la relación básica con un niño, o todo lo demás es imposible de predecir, en particular sus actitudes y su comportamiento.

No obstante no deberíamos ser pesimistas al respecto. Lo realmente alentador es que conocemos cuál es el problema fundamental y también sabemos cómo combatirlo. Hay respuestas razonables. Estoy convencido de que la mayoría de los padres, puesto que aman a sus hijos, pueden ser *enseñados* a transmitirles dicho amor a ellos. La pregunta difícil es: ¿Cómo podemos hacer llegar este mensaje a todos los padres (o por lo menos a la mayoría)? Eso es algo que todos aquellos padres interesados deben considerar. La respuesta exigirá la energía y la acción de muchos.

Además de aprender a usar el contacto visual y el contacto físico, los padres deben aprender a utilizar la atención enfocada.

6

CÓMO MOSTRAR AMOR A TRAVÉS DE LA ATENCIÓN ENFOCADA

El contacto visual y el físico muy pocas veces exigen un sacrificio real por parte de los padres. Sin embargo, la atención enfocada requiere tiempo; y a veces mucho. Ello puede significar que los padres tengan que abandonar algo que preferirían hacer. Los padres amorosos verán que hay veces cuando un hijo necesita desesperadamente atención enfocada en un momento en el cual ellos tienen menos ganas de dársela.

¿Qué es la atención enfocada? La atención enfocada consiste en darle a un niño nuestra plena y absoluta atención de tal manera que sienta sin lugar a dudas que es amado por completo. Que tiene el valor suficiente por *sí mismo* para justificar el desvelo sin distracción de sus padres, el aprecio de los mismos y su interés intransigente. En resumen, la atención enfocada hace que el niño sienta que es la persona más importante del mundo para sus padres.

Algunos pueden pensar que eso es ir demasiado lejos; pero echa un vistazo a la Escritura y verás en cuán grande estima son tenidos los niños. Nota la alta prioridad que Cristo les dio (Marcos 10:13-16). El valor que tienen se destaca en los Salmos (Salmos 127:3–5); y en Génesis, se hace referencia a los niños como a dones (Génesis 33:5).

A un niño se le debería hacer sentir que es único en su género. Pocos pequeños sienten esto, pero qué gran diferencia siente aquel que sabe que es especial. Solo la atención enfocada puede darle dicha comprensión y dicho conocimiento. Esto es algo muy esencial en el desarrollo del amor propio del niño; y afecta profundamente a la habilidad de un pequeño para relacionarse con otros y amarlos.

En mi experiencia, la atención enfocada es la necesidad más exigente que tiene un niño; porque los padres tenemos una gran dificultad en reconocerla y más aun en satisfacerla. Hay muchas razones por las que no reconocemos esta necesidad particular. Una de las principales es que las otras cosas que hacemos por un niño parecen suficiente; por ejemplo, las concesiones especiales (como el helado o los caramelos); los regalos y el conceder peticiones extraordinarias parecen ser un sustituto de la atención enfocada en el momento. Esos favores son buenos, pero es un error serio utilizarlos en vez de la atención enfocada auténtica. Para mí, es una verdadera tentación usar este tipo de sustitutos, ya que los favores y los regalos son más fáciles de dar; además, consumen mucho menos de mi tiempo. Pero me he dado cuenta, una y otra vez, de que mis hijos no se esfuerzan al máximo, no se sienten lo mejor posible y no se comportan como mejor pueden, a menos que les dé ese precioso elemento de la atención enfocada.

La tiranía de lo urgente

¿Por qué es tan difícil dar atención enfocada? Porque para hacerlo se necesita *tiempo*. Se han hecho numerosos estudios y escrito muchos libros que muestran que el tiempo es nuestra posesión más preciosa. Digámoslo de otro modo: Dadas las veinticuatro horas que tiene un día y los siete días que tiene una semana, es prácticamente imposible cumplir con todas nuestras obligaciones. Esta es una afirmación cierta, que me hace detenerme y pensar. No es posible que me cuide de cada obligación y cumpla con cada una de mis responsabilidades como me gustaría hacerlo. *Tengo* que afrontar el hecho. Si no hago esto, daré por hecho ingenuamente que de alguna manera, todo recibirá la atención necesaria; y cuando asumo tal cosa, quedo bajo el control de la tiranía de lo urgente. Los asuntos urgentes tomarán entonces prioridad automáticamente en mi vida, y controlarán mi tiempo. Eso estaría bien si dichos asuntos urgentes fueran cuestiones importantes; pero, por desdicha, casi nunca lo son. Tomemos por ejemplo el teléfono. La mayoría de las veces cobra prioridad sobre casi todas las demás cosas. El teléfono que suena se debe contestar sin tener en cuenta la hora, el lugar o la situación. Puede que nuestra familia esté pasando unos momentos maravillosos juntos durante la cena, lo cual es de la mayor importancia para mí. Pero si el urgente teléfono suena, se le da casi un derecho sagrado para interferir con nuestra comunión familiar, interrumpirla e incluso arruinarla. La tiranía de lo urgente sale victoriosa sobre las cosas importantes de la vida una vez más.

¿Sabes que, sencillamente, no tenemos tiempo suficiente en nuestras cortas vidas para estar controlados por lo urgente y ocuparnos de lo importante? No se puede oír misa y hacer repicar las campanas. Así que, ¿qué podemos hacer con respecto a esto? Me temo que solo hay una respuesta —y no es simple ni fácil—: debemos determinar nuestras prioridades, establecer nuestros objetivos y planear nuestro tiempo para alcanzarlos. *Nosotros* somos quienes debemos controlar nuestro tiempo con objeto de atender las cosas importantes.

Establece las prioridades

¿Cuáles son tus prioridades en la vida? ¿Dónde encaja tu hijo? ¿Es él la primera prioridad? ¿La segunda? ¿La tercera? ¿La cuarta? ¡Debes decidirlo! De otro modo, tu hijo ocupará un lugar demasiado bajo y sufrirá a causa de algún grado de negligencia.

Nadie más puede hacer esto por ti. Tu cónyuge no puede establecer tu propia prioridad ni la del hijo en tu vida; ni tampoco tu pastor, tu consejero, tu patrón o tu amigo. Solo tú puedes hacerlo. Así que ¿cuál es, padre?, ¿cuál es, madre? ¿Qué y quién recibe prioridad en tu vida? ¿El trabajo? ¿La iglesia? ¿Tu cónyuge? ¿La casa? ¿Tu pasatiempo favorito? ¿Los hijos? ¿El televisor? ¿Tu vida social? ¿Tu carrera?

Permíteme, por favor, referirme de nuevo a mi propia experiencia y a aquella de las personas a quienes aconsejo. Hasta ahora, en mi aventura por la vida, me he dado cuenta de lo siguiente: en casi todas las familias que han encontrado contentamiento, satisfacción, felicidad y verdadera gratitud entre todos sus miembros, los padres tienen un sistema de prioridades parecido. Por lo general, su primera prioridad es de naturaleza ética: tal como una fe religiosa o un código moral robusto. En la mayoría de los casos, eso se manifiesta al colocar a Dios en primer lugar en sus vidas y sosteniendo una relación con Él cordial, reconfortante, afectuosa y sustentadora. Ellos utilizan esta relación estabilizadora para influir en todas las demás. La segunda prioridad es el cónyuge, como discutimos anteriormente. Los hijos ocupan la prioridad número tres. Como puedes ver, la felicidad real se encuentra en la orientación familiar: primero la familia espiritual, y luego la familia física. Dios, el cónyuge, los niños. Estas son cosas esenciales. Desde luego, el resto de las prioridades son también importantes, pero estas tres deben estar al frente.

He hablado con muchas personas que buscaban contentamiento en cosas tales como el dinero, el poder y el prestigio. Pero, en el transcurso de sus vidas experimentaron y descubrieron los valores reales, comprendiendo tristemente que estaban invirtiendo en cuentas equivocadas. He visto a numerosas personas ricas que pasaron sus mejores años haciendo esto mismo. Trágicamente, tuvieron que buscar consejo cuando se dieron cuenta de que, a pesar de su riqueza y su poder, sus vidas estaban vacías en cierto modo patético y doloroso. Cada uno de ellos lloraba y consideraba su vida como un «fracaso», a causa de un hijo descarriado o de un cónyuge perdido mediante el divorcio. Solo entonces comprendieron que la única posesión que vale la pena en la vida es alguien que te ama y se preocupa de lo que te ocurre: Dios, el cónyuge y los hijos.

También he visto a muchas personas que están enfermas de muerte cuya comprensión más profunda de sus vidas es exactamente la misma. Cuando reflexionan en sus hechos, entienden de igual manera que lo único que de verdad importa es si hay alguien que se interese por ellos auténticamente y los ame de una manera incondicional. Si dichas personas tienen unos seres queridos así, están satisfechas; si no, son dignas de conmiseración.

Una vez hablé con la esposa de un pastor, una mujer muy hermosa que tenía un cáncer incurable. Una persona en gran manera radiante y segura. Mientras conversábamos, me explicó cómo su concepto de la vida había sido transformado desde que supo que estaba enferma. Al conocer que su muerte era inminente, se vio obligada a cambiar su sistema de prioridades. Por primera vez comprendió que *ningún* padre tenía suficiente tiempo en la vida para proveer a las necesidades de su cónyuge e hijos si no se resistía a hacer cosas menos importantes. Esa esposa les dio, a su esposo pastor y a sus hijos, la primera prioridad; y ¡qué gran diferencia se evidenció en sus vidas! Nunca he visto un esposo y unos hijos más maravillosamente cambiados. Desde luego, esto no quiere decir que debamos descuidar otras áreas de nuestra vida; pero sí que debemos controlar el tiempo que dedicamos a las mismas y la influencia que estas tienen en nosotros.

Momentos fugaces

Esta ilustración indica vivamente la importancia de la atención enfocada. Cierta vez leí acerca de un padre que estaba sentado en el salón de su casa un día. Era el de su quincuagésimo cumpleaños y daba la casualidad de que estaba de mal humor. De repente su hijo Ricardo, de once años, irrumpió en la habitación, se sentó en sus rodillas y empezó a besarlo repetidamente en las mejillas. El niño siguió dándole besos, hasta que su padre le preguntó abruptamente: «¿Qué estás haciendo?» A lo que el chico contestó: «Te estoy dando cincuenta besos porque cumples cincuenta años». Normalmente, el padre se hubiera sentido enternecido por aquel acto cariñoso de afecto. Por desdicha, como estaba deprimido e irritable, apartó a su hijo de un empujón, y expresó: «Déjalo para otro momento». El niño se quedó anonadado, salió corriendo de la casa, saltó a su bicicleta y se fue pedaleando. Pocos momentos más tarde fue estropeado por un coche y murió. Te puedes imaginar la pena, el remordimiento y el sentimiento de culpa que sufrió aquel pobre padre.

Estas historias nos enseñan varias cosas. En primer lugar, que debido a lo impredecible e incierta que es la vida, no podemos saber o planear cuántas oportunidades se nos concederán para criar a nuestros hijos; y sobre todo cuántos momentos tendremos para darles atención enfocada. Debemos aprovechar las oportunidades, porque quizás sean menos de las que creemos. Nuestros hijos están creciendo.

En segundo lugar, esas oportunidades no se presentan todos los días. ¿Recuerdas aquellos momentos especiales que dejan una impresión duradera en un niño? Esa ocasión en la que Ricardo intentó besar a su padre cincuenta veces, era uno de aquellos momentos sin precio. Si el padre hubiera sido capaz de pasar esos pocos minutos con Ricardo en una actitud positiva, el muchacho hubiera recordado con cariño aquella ocasión el resto de su vida; en particular, cuando intentara actuar en contra de los valores de sus padres; como, por ejemplo, en los inconformes años de la adolescencia. Sin embargo, de no haber muerto en aquel accidente, Ricardo nunca hubiera olvidado el dolor, la angustia y la humillación de ese instante.

Consideremos otra historia relacionada con la atención enfocada. En el diario del padre de un gran filántropo, se encontró la descripción de cierto día que pasó pescando con su hijo. Dicho padre se lamenta de que aquel día fue una «pérdida completa de tiempo», ya que el chico parecía «aburrido y preocupado, y hablaba muy poco»; y decía incluso, que probablemente nunca más llevaría a su hijo a pescar.

Muchos años después, un historiador encontró aquellas notas, y las comparó —por curiosidad— con las anotaciones hechas en el diario del hijo aquel mismo día. Este último exclamaba que había sido un «día perfecto», «a solas» con su padre; y describía cuán lleno de significado e importante fue para él.

El objeto de la atención enfocada

¿Qué es lo que define la atención enfocada? El objeto de la atención enfocada es hacer que el hijo sienta: «Estoy solo con mi padre»; «lo tengo para mí solo»; «en este momento soy la persona más importante del mundo para él»; eso es lo que la define.

La atención enfocada no es algo que sea bueno darles a nuestros hijos si el tiempo lo permite; es una *necesidad* crítica que tiene todo niño. La manera en que un niño se ve a sí mismo y en que es aceptado por el mundo, es determinada por cómo se satisface esta necesidad. Sin la atención enfocada, los niños experimentan una ansiedad creciente, ya que sienten que todo lo demás es más importante que ellos. Por consiguiente, el chiquillo es menos seguro, y resulta perjudicado tanto en su crecimiento emocional como en el sicológico. Tal niño puede ser identificado en la guardería o en el aula. Es menos maduro que aquellos otros cuyos padres han tomado tiempo para satisfacer su necesidad de atención enfocada, por lo general más retraído, y tienen dificultades con sus compañeros. Posee menos capacidad para arreglárselas solo y, por lo general, reacciona insatisfactoriamente en cualquier conflicto; además, depende demasiado del maestro y de otros adultos con quienes entra en contacto.

Algunos niños —especialmente aquellas chicas privadas de la atención enfocada paterna— *parecen* exactamente lo contrario. Son muy habladoras, manipuladoras, dramáticas, a menudo puerilmente seductoras y, por lo general, sus maestros de párvulos y de primer año de enseñanza primaria las consideran precoces, extrovertidas y maduras. Sin embargo, a medida que se van haciendo mayores, su pauta de comportamiento no cambia y poco a poco se hace inadecuada. Para cuando están en tercero o cuarto grado de primaria, les resultan por lo general molestas a sus compañeros y profesores. Sin embargo, aun en esa época tardía, la atención enfocada —especialmente la paterna— puede conseguir mucho en cuanto a reducir su comportamiento contraproducente, disminuir su ansiedad y liberarlas para que su crecimiento recorra el camino a la madurez.

Cómo dar atención enfocada

Ahora que hemos visto lo vital que es para un niño la atención enfocada, ¿cómo la ponemos en práctica? Me he dado cuenta de que la mejor manera de darle a un niño atención enfocada es apartar tiempo para pasarlo con él *a solas*. De seguro que ya estás pensando en lo difícil que es algo así. Tienes razón. Encontrar tiempo para estar solo con un niño, libre de otras distracciones, es lo que considero como el aspecto más difícil de una buena educación de los hijos. Uno puede decir que esto es lo que separa a los mejores padres de los demás; a los sacrificados de los no sacrificados; a los que más se preocupan de los que se preocupan menos; a los padres que establecen prioridades de aquellos que no lo hacen.

Enfrentémonos a ello, una buena educación de los hijos toma *tiempo*. Encontrar tiempo en nuestra hiperactiva sociedad es difícil; más aun cuando los niños son a menudo adictos al televisor, a Internet o a las redes sociales; por lo que algunas veces preferirían pasar el rato delante de esos distractores. Tanta más razón para considerar crucial la atención enfocada. Los niños están siendo más influidos por fuerzas externas a la familia que en cualquier otro momento de la historia. Cuesta mucho esfuerzo sacar tiempo de los horarios cargados; pero las recompensas son grandes. Es maravilloso ver al hijo de uno feliz, seguro y apreciado por sus compañeros y por los adultos; aprendiendo y comportándose lo mejor que puede. Pero créeme, amigo padre: esto no viene automáticamente; debemos pagar un precio para conseguirlo, y encontrar tiempo para pasarlo a solas con cada hijo.

John Alexander, presidente de *InterVarsity Christian Fellowship* tiene cuatro niños. En una conferencia, estaba hablando de lo difícil que le era encontrar tiempo para cada uno de ellos; y su solución fue apartar por lo menos media hora todos los domingos por la tarde para cada uno de ellos. Cada persona tiene que hallar su manera propia de hacerlo.

Mi tiempo también es difícil de administrar, pero intento reservarlo lo más que puedo para mis hijos. Por ejemplo, en cierta ocasión, mi hija estaba tomando clases cerca de mi oficina los lunes por la tarde; así que, fijaba las horas de mis citas de tal manera que tuviera tiempo para recogerla yo mismo. Luego, nos deteníamos en un restaurante y cenábamos juntos. En tales momentos, sin la presión de las interrupciones ni de los horarios, podía dedicarle completamente mi atención y escuchar cualquier cosa de la que quisiera hablar. Únicamente estando solos y sin presiones, pueden padres e hijos desarrollar esta relación especial e indeleble que cada niño tan desesperadamente necesita para enfrentarse a las realidades de la vida. Son momentos como estos los que un niño recuerda cuando la vida se hace difícil, especialmente durante esos años tumultuosos del conflicto adolescente y de los impulsos normales de independencia.

También es durante los momentos de atención enfocada que los padres pueden aprovechar especialmente para tener contacto visual y físico con un niño. En dichos momentos de atención enfocada, el contacto visual y el contacto físico tienen un mayor significado e impacto en la vida de los hijos.

Desde luego, cuantos más niños tiene uno más difícil es encontrar tiempo para ejercer esa atención enfocada. Recuerdo que en cierta ocasión aconsejé a una niña de siete años por los numerosos problemas que tenía en la escuela y en casa. Tenía dificultades con las tareas escolares, con sus compañeros, con sus hermanos y problemas de comportamiento inmaduro. Quizás te imagines la razón: tenía nueve hermanos (chicos y chicas), y sus queridos padres no podían encontrar tiempo para darle la atención enfocada que necesitaba. En realidad, ellos no estaban conscientes de que la chica estuviera sufriendo por falta de dicha atención, ya que todos los otros hijos estaban muy bien adaptados. Los padres eran granjeros y en el transcurso natural del día —ordeñando, alimentando a los animales y arando— pasaban bastante tiempo a solas con cada niño como para prevenir problemas. Pero a esa hija en particular —a causa de su edad, sus tareas domésticas personales y el orden de nacimiento—, el curso natural de los acontecimientos le impedía disfrutar lo suficiente de la atención de sus padres. Se sentía descuidada y poco amada. Sus padres la querían profundamente, pero la niña no lo sentía y por lo tanto no lo sabía.

Vale la pena planear con cuidado

Con la ilustración anterior vemos lo importante que es *planear* nuestro tiempo con el objeto de proveer atención enfocada para *cada* niño. Se trata de algo difícil. En una familia con dos hijos, cada padre puede, a menudo, pasar tiempo con uno de los niños. Cuando hay más de dos hijos la cosa se complica progresivamente. Y desde luego, en un hogar donde solo hay un padre, la logística es todavía más difícil. Sin embargo, planear con cuidado compensa: por ejemplo, cierto día en particular, uno de los niños puede estar invitado a una fiesta, otro en casa de algún familiar, dejando a un último libre. Un padre cuidadoso cuyos hijos tienen prioridad, consideraría esta ocasión como una oportunidad preciosa para darle atención enfocada a ese hijo. Por supuesto, nuestros planes deben tener en cuenta las necesidades emocionales de todos y cada uno de los niños, o tendremos el mismo problema que en la familia con diez hijos de la que acabamos de hablar. Esto es difícil especialmente cuando tenemos al mismo tiempo, en la misma familia, un hijo exigente y otro que no lo es. Debemos resistir el concepto de que la «bisagra que más rechina es la que se lleva el aceite». Todos los niños tienen las mismas necesidades, tanto si piden como si no piden que estas se satisfagan. En cuanto a eso, un niño no exigente y pasivo, que es al mismo tiempo el hijo del medio, es particularmente vulnerable; y si da la casualidad de que sus hermanos son exigentes, será demasiado fácil para sus padres pasarle por alto hasta que surjan problemas.

El estar alerta ante las oportunidades inesperadas nos prolonga el tiempo. Por ejemplo, hay veces cuando un padre se encuentra a solas con un niño, como cuando los otros están jugando fuera. He aquí otra oportunidad para llenar el tanque emocional de ese hijo y evitar problemas causados por el hecho de que se encuentre seco. Este período de atención enfocada puede ser muy corto; uno o dos minutos tan solo, pueden hacer maravillas. Cada momento vale; es como depositar dinero en una cuenta de ahorros. Mientras el saldo sea saludable, la vida emocional del niño será sana y tendrá menos problemas; también se trata de una inversión para el futuro, especialmente para los años de la adolescencia.

Cada depósito representa una garantía de que los años adolescentes del niño serán saludables, seguros, agradables y provechosos, tanto para el hijo como para el padre. ¡Es mucho lo que está en juego! ¿Hay acaso algo peor que un hijo adolescente descarriado? ¿Qué puede ser más maravilloso que un adolescente bien equilibrado?

Desde luego, también son importantes los períodos prolongados de atención enfocada. A medida que los niños van creciendo, es necesario extender el tiempo de concentración. Los niños mayorcitos necesitan tiempo para entrar en calor, para bajar sus defensas en desarrollo, y para sentirse libres con objeto de compartir sus pensamientos más íntimos; especialmente cualquier cosa que pueda estarles inquietando. Como puedes comprender, si esos tiempos de atención enfocada se inician temprano en la vida del pequeño, este los aceptará con mucha naturalidad y será mucho más fácil para él compartir cosas de índole emocional con sus padres. Por otro lado, si no se proveen ocasiones para esa atención enfocada, ¿cómo podrá un niño aprender a comunicarse de una manera significativa con sus padres? Otra vez digo, hay mucho en juego. ¿Puede haber algo peor que tener un hijo preocupado e incapaz de compartir sus sentimientos con uno? ¿Hay algo más maravilloso que el hecho de que tu niño pueda traer cualquier tema ante ti, padre, para discutirla contigo?

Todo esto es difícil y toma tiempo; pero muchas personas que he conocido, han compartido conmigo todo tipo de formas en las cuales ellos lo han hecho. Recuerdo que en cierta ocasión escuché a Joe Bayly, un escritor cristiano, que estaba hablando de esto mismo. Él reserva unos períodos determinados en su calendario de compromisos, para pasarlos con su familia; y cuando alguien le llama y le pide que acepte un compromiso para hablar en ese tiempo que tiene reservado, le dice de modo cortés al que pregunta que ya tiene otro compromiso.

Otra idea de Joe Bayly que me gustó particularmente, fue que él usa banderas personales; una para cada miembro de la familia. Cada una de dichas banderas es diseñada para adaptarse a la personalidad de cada miembro particular; con su nombre visible en la misma. Por lo general, se la daba al niño en su cumpleaños, y de allí en adelante ondeaba en el mástil situado frente a la casa en ocasiones especiales: como por ejemplo en cumpleaños subsiguientes, cuando aquel hijo volvía a casa después de algún viaje, o cuando partía hacia la universidad. Este es un ejemplo de atención enfocada indirecta.

Cuando otros están presentes

Hemos mencionado que la atención enfocada se da cuando se está a solas con un niño, apartados de otros miembros de la familia. Aunque esto es adecuado, hay momentos en los que se puede dar también estando otros presentes. Ello es verdad especialmente cuando un hijo está enfermo, ha sufrido algún tipo de dolor emocional o ha retrocedido por alguna otra penosa razón. Por retroceder, entiendo que tiene un control pobre de sus sentimientos o de su comportamiento.

Permite que dé un ejemplo de esto: En cierta ocasión, unos padres profundamente preocupados buscaron mi consejo en relación a su hijo Tim, que tenía doce años. El primo del chico —también de la misma edad—, había ido a vivir con ellos. Este era un niño muy exigente y había eclipsado a Tim acaparando casi toda la atención de sus padres. Tim se sintió desplazado por su opresivo primo, se deprimió, se hizo introvertido y, en ocasiones, se mostraba poco comunicativo. Parte del consejo que les di a los padres fue, desde luego, que les concedieran tanto a Tim como a su primo mucha atención enfocada; es decir que pasaran tiempo a solas con su hijo y también con el primo de este. Sin embargo, el último siguió dominando cada situación cuando ambos niños estaban presentes. A continuación, les recomendé a los padres de Tim que le dieran a cada chico atención enfocada en cualquier momento en el que el primo estuviera siendo exageradamente dominante. Los padres lo hicieron como les sugerí, de modo que se enfocaban directamente en Tim cuando era su turno de hablar, dándole pleno contacto visual y físico cuando era conveniente, y respondiendo a sus comentarios. Luego, cuando le tocaba apropiadamente decir algo al primo del chico, aquellos padres repetían el proceso con él.

Este tipo de atención enfocada, por lo general, solo funciona bien si un niño está recibiendo abundantemente dicha atención también a solas. Dicho sea de paso, he enseñado a los maestros estos principios sencillos, los cuales han revolucionado su enseñanza y su perspicacia para con cada pequeño.

La atención enfocada es algo que consume tiempo, es difícil de dar de una manera consistente y muchas veces resulta gravoso para unos padres ya exhaustos; sin embargo, es el instrumento más poderoso para conservar lleno el tanque emocional de un niño e invertir en su futuro.

7

AMOR APROPIADO Y AMOR INAPROPIADO

Me gustaría considerar la controversia del *amor excesivo*. Por un lado se afirma que darle demasiado amor hará mal al niño; mientras que por el otro se sostiene que nunca se ama demasiado a los hijos. La confusión en esta área hace que muchas veces los defensores de ambas posturas tomen posiciones extremas. Por ejemplo, muchos del primer grupo son severos disciplinarios, en tanto que otra cantidad igual del último se convierten en demasiado indulgentes.

Quisiera invitarte a reexaminar el asunto a la luz del concepto del *amor apropiado*. Creo que si definimos el amor apropiado como aquel que, al serle transmitido al niño, le proveerá a este una crianza saludable fomentando su desarrollo emocional y confianza propia, entonces el cuadro se hace claro. Cuando podemos sostener el principio de que un niño necesita una superabundancia de amor apropiado, entonces, desde luego, dicho niño no tiene ninguna necesidad de aquel que es inapropiado.

El amor inapropiado

Creo que podemos definir el *amor inapropiado* como el afecto que, cuando se le transmite al niño:

- impide el desarrollo emocional de este, al no satisfacer sus necesidades emotivas;
- fomenta una relación de dependencia cada vez mayor de uno de los padres;
- dificulta la autosuficiencia.

Los cuatro tipos más comunes de amor inapropiado son: el amor posesivo, el seductivo, el vicario y el que invierte los papeles. Examinémoslos uno por uno.

El amor posesivo

El amor posesivo es una tendencia de los padres a incitar a los hijos a que dependan más de ellos. Paul Tournier, el famoso consejero suizo, trata muy bien el tema en su artículo: «Significado de la posesividad». En el mismo, afirma que cuando el niño es pequeño, la dependencia es «obvia y casi completa»; pero si dicha dependencia no disminuye a medida que el niño se va haciendo mayorcito, se transforma en un obstáculo para su desarrollo emocional. Muchos padres tratan de mantener a sus hijos en un estado de dependencia de ellos. El doctor Tournier afirma que lo hacen «mediante la sugestión o el chantaje emocional»; o bien usando su autoridad e insistiendo en la obediencia.

El niño es suyo; tienen derechos sobre él porque les pertenece. A tales padres se les llama *posesivos*, y los mismos tienden a tratar a su hijo como un objeto o propiedad que se posee o es de ellos; y no como a una persona que necesita crecer por sí misma y llegar a ser independiente y a tener confianza propia de un modo gradual.

El hijo debe tener el respeto de sus padres para ser él mismo; lo cual, desde luego, no significa que no se establezcan límites o que se sea permisivo (todo niño necesita dirección y disciplina). Lo que quiere decir es que se debe animar al niño a pensar, a ser espontáneo; a comprender que es un individuo y que, como tal, debe asumir más y más responsabilidad por sí mismo.

Si los padres pasamos por alto el derecho de un hijo a llegar a ser gradualmente independiente, sucederán una de estas dos cosas: puede convertirse en alguien exageradamente dependiente de nosotros, y demasiado sumiso, fracasando en cuanto a aprender cómo vivir en este mundo —quizás llegando a ser así fácil presa para personalidades o grupos de carácter subyugante como los adeptos de Moon—; o habrá un deterioro de nuestras relaciones con él a medida que se haga mayor, por lo que se resistirá cada vez más a aceptar nuestra guía.

De nuevo, como sugiere el doctor Tournier, deberíamos «poseer como si no poseyéramos»; este es el gran mensaje de la Biblia. El ser humano no posee nada realmente; no es sino un mayordomo de los bienes que Dios le confía, «porque del Señor es la tierra y todo cuanto hay en ella» (1 Corintios 10:26).

Desde luego, hay algo de amor posesivo en cada padre; pero debemos cuidarnos bien de: (1) identificarlo en nuestro interior, (2) separarlo del verdadero interés por el bienestar total de un hijo

—especialmente en cuanto a su necesidad de llegar a tener confianza en sí mismo—, (3) estar tan continuamente conscientes del mismo como podamos, y (4) resistir su influencia.

El amor seductivo

La segunda manera inadecuada de expresar amor es mediante la *seducción*. Tengo que empezar diciendo que este es un tema sobre el cual es difícil escribir, porque la *seducción* no es algo sencillo de definir. Dicha palabra parece que se usa para comunicar cualquier cosa, desde conseguir con astucia la experiencia sexual hasta la contaminación. Con respecto a nuestro tema inmediato, creo que es suficiente definir la seducción como un intento consciente o inconsciente de obtener emociones sensuales o sexuales del encuentro con el niño.

Se habló de un ejemplo de esto en un seminario sobre siquiatría infantil. En cierta clínica siquiátrica fue examinada una niña de siete años a causa de su frecuente masturbación y poco rendimiento en la escuela. La evaluación reveló que la niña pasaba mucho tiempo imaginándose (soñando despierta) que su madre había muerto y que vivía sola con su padre. También se observó que el padre pasaba muchos momentos con su hija en brazos, acariciándola y mirándola de un modo que parecía producir goce sensual a ambos. Cuando aquellos hechos se le informaron a dicho padre, su respuesta fue: «¡Válgame Dios!» Se trataba de un caso en el cual el padre era evidentemente seductivo; sin embargo, aparentemente no comprendía lo que estaba haciendo. Como en casi todos los casos de este tipo, la relación conyugal en aquella familia no funcionaba bien. En los hogares en que el matrimonio no está sano, es bastante corriente que exista la seducción. En la actualidad el problema es peor.

¿Qué piensas de esta carta dirigida a Ann Landers, publicada en su columna periodística, hace unos años en un diario de los Estados Unidos?

Querida Ann Landers: No sé si esto es un problema o no. Se trata de nuestra preciosa hija de doce años. He visto a otras chicas que están locas por sus padres, pero nunca nada como esto.

Donna se sienta al lado de él o en su regazo en cuanto tiene oportunidad. Juegan el uno con las manos del otro y coquetean como un par de niños bobos. La niña se cuelga de su padre cuando andan o ambos llevan sus brazos uno alrededor de la cintura del otro. ¿Es esto normal?

Firmado: Preocupada.

¿Tienes una hija en la preadolescencia? ¿Qué piensas? ¿Te suena esto bien o mal? ¿Te preocuparías? ¿Qué harías?

Veamos lo que contestó Ann Landers:

Querida Preocupada: Me parece que hay demasiado roce. En la actualidad una chica de doce años es más mujer que niña. Donna necesita que se hable con ella; pero lo mejor sería que no lo hicieras tú.

Quizás un pariente informado o un amigo adulto, le podría decir a tu hija que es impropio para una jovencita tener tanto contacto físico con su padre (con toda certeza ese comportamiento habrá sido observado por otros).

Si no conoces a nadie a quien acudir para que comunique dicho mensaje con tacto pero de una manera firme, trata por todos los medios de conseguir la ayuda del consejero del colegio. Creo que se debería hablar con Donna más que con tu esposo; sería fácil que este se sintiera ofendido y se pusiera a la defensiva.

Me gustaría replicar a la respuesta de Ann. En primer lugar, estoy de acuerdo en que parece que existe demasiado contacto físico en este caso, y que el mismo aparenta ser seducción. Sin embargo, se trata solo del punto de vista de la madre, y las posibilidades de que la relación matrimonial sea pobre son abrumadoras. En resumen: ni nosotros (ni Ann) podemos estar seguros de que exista o no en realidad seducción sexual. Quizás esta situación es similar a la que aparece al final del capítulo dos, en la cual la madre está celosa de una buena relación entre la hija y el padre.

Sin embargo, supongamos que este sea verdaderamente un caso de seducción. ¿Te dirigirías a una chica de doce años para sugerirle que su propio padre actúa sexualmente de un modo inapropiado con ella? Ya es bastante difícil encontrar hoy un respeto genuino por los padres, sin necesidad de socavarlo más todavía.

No obstante, hay principalmente un comentario que quisiera hacer referente a la respuesta de Ann, y es que la misma ilustra el modo de pensar actual en cuanto a la manera de amar a los hijos. Su consejo era que, ya que el padre estaba transmitiendo su amor a la niña impropiamente, no debía mostrarlo en absoluto. Ya hemos visto lo vital que es el contacto físico para una chica preadolescente. Este padre en particular no se lo estaba dando como era debido; ¿es por lo tanto la respuesta que abandone por completo dicho contacto físico?

Me temo que este tipo de reacción ha llegado a ser generalmente aceptado en nuestra sociedad. La mayoría de las veces se da por hecho que ya que algunos padres son seductores con sus hijos, el contacto físico se debería reducir al mínimo o incluso evitarse. Una analogía sería la siguiente: Yo no debería comer en absoluto, o hacerlo en la menor cantidad posible, porque hoy he visto a una persona obesa.

Otra razón por la que muchos padres desgraciadamente, evitan el contacto físico con sus hijos, es que en realidad quizás sientan alguna respuesta sexual hacia ellos. Esto les puede suceder a todos los padres; sobre todo a aquellos hombres que tienen hijas mayores. Así que aquí nos enfrentamos verdaderamente a un dilema: por un lado, el niño necesita con urgencia sentirse amado, y el contacto físico es esencial para ello; por otro, los padres se encuentran incómodos y temen que dárselo estaría mal o sería quizás perjudicial para el hijo.

Pienso que a muchos padres amorosos les sería de gran ayuda en este difícil aspecto, comprender que: (1) todo niño, pese a su edad, necesita un contacto físico *apropiado;* (2) el tener algunos sentimientos sexuales una que otra vez, o imaginaciones sexuales momentáneas respecto a un niño, es normal; (3) un padre o una madre no deben hacer caso de dichos sentimientos impropios, sino ir adelante y darle a su hijo lo que este necesita; incluyendo el contacto físico (no seductor) apropiado.

¿Es acaso de extrañar que, con esta confusión, tan pocos niños se sientan amados genuina e incondicionalmente?

Otro temor que muchos padres tienen en relación a la seducción, es la homosexualidad. Aquí parece haber el concepto erróneo de que el que una madre exprese demasiado amor a una hija o un padre a un hijo, conduce a la homosexualidad; pero el caso es precisamente el contrario.

No es raro que durante mi trabajo en las escuelas, un maestro me aborde con esta preocupación. Cierta profesora me preguntó una vez: «Doctor Campbell, quiero tanto a mi hija que la beso mucho. ¿Estoy haciendo de ella una lesbiana?» Después de pedirle más información para asegurarme de que la relación era saludable, le respondí: «Siga haciéndolo».

Así que, debido a estos conceptos erróneos que acabamos de considerar (y otros), pocos padres son capaces de criar emocionalmente a sus hijos de la manera apropiada. Aunque tienen abundante amor en sus corazones, ponen poco en práctica. Estoy convencido de que una vez que se corrigen esas ideas falsas, y que los padres comprenden lo que necesitan sus hijos, la mayoría son capaces de proveer esa superabundancia de amor apropiado que todo niño debe tener.

Amor vicario

El tercer tipo más común de amor inapropiado es el amor vicario. Esto significa vivir la vida o los sueños de uno mismo a través de la experiencia de un hijo; y uno de los géneros más perjudiciales de este amor vicario, es cuando una madre intenta vivir hasta el fin sus fantasías románticas o sus anhelos por medio de su hija. La madre hace tal cosa dirigiendo a su hija a relaciones y situaciones en las que ella misma desea estar. Un indicio de este fenómeno es el interés obsesivo de una madre en los detalles íntimos de las experiencias de la chica en sus salidas con los muchachos, las cuales la excitan sensualmente cuando la chica se las revela. El carácter destructivo de ese proceso es obvio. La hija puede ser guiada a situaciones para las cuales no tiene la madurez o la experiencia necesarias. El embarazo es una de las posibles consecuencias de ello. Otro resultado frecuente es una reputación degradante para la chica que puede dañar la imagen que ella tiene de sí misma y su dignidad para toda la vida.

Este tipo de amor vicario puede suceder asimismo entre un padre y su hijo con resultados similares. El padre que expresa su propia destreza sexual por medio de las conquistas de su hijo, no solo está dañando a este, sino también a otros implicados en su vida. De esta manera, el chico es fuertemente influido a considerar a las mujeres primordialmente como objetos sexuales; y tendrá dificultades en relacionarse con ellas como personas con sentimientos y, sobre todo, como iguales.

Desde luego, hay muchas variedades de amor vicario. El tipo que acabamos de describir resulta ser el más destructivo.

Otro ejemplo de amor vicario, es el padre que utiliza a su hijo para satisfacer sus propias aspiraciones atléticas. Si deseas ver este fenómeno en acción, ve al partido de liga infantil que te quede más cerca. Un padre orientado de esta manera, llega a involucrarse emocionalmente tanto en el juego que es como si él mismo fuera el jugador. Uno puede ver cómo dicho padre se pone escandalosamente furioso con el árbitro cuando este pita una falta contra su hijo. Pero lo peor de todo es que regañará y degradará a este último cuando cometa un error.

¿Qué te recuerda eso? El viejo problema del amor condicional. Cuanto más vicario sea el amor que tenemos para con nuestros hijos, más condicional será y más dependerá de lo bien que hayan actuado y alcanzado nuestras propias necesidades delegadas.

No obstante, enfrentemos el hecho. Todos tenemos en cierto grado ese tipo de amor vicario, ¿no es verdad? Hace algún tiempo descubrimos que nuestro hijo de ocho años es un jugador de béisbol bastante bueno. Mientras me hallaba allí sentado viéndolo jugar, por alguna extraña razón, mi mente era arrastrada al pasado, a mis días como jugador profesional. Me encontraba recordando cuán desesperadamente quería llegar a participar en las Grandes Ligas. El dolor y la desilusión de fracasar en lograrlo aparecía ante mí mientras veía a David jugar tan bien. Me pregunto por qué. ¡Qué gran error sería el intentar cumplir mis sueños perdidos a través de mi hijo! Debía vigilarme a mí mismo.

El amor vicario se hace dañino cuando modifica nuestro amor de tal manera que lo damos en relación con el comportamiento del niño y es, de hecho, amor condicional. Los padres no debemos dejar que nuestras propias esperanzas, nuestros anhelos o nuestros sueños determinen el tipo de amor que un niño recibe.

El amor vicario se puede considerar como un tipo de amor posesivo, si nos hace ver a los niños como pertenencias que podemos utilizar para cumplir nuestros sueños. ¿Cómo puede un niño crecer por sí mismo, pensar por sí mismo y adquirir confianza en sí mismo en una situación así?

Debemos mantener incondicional el amor por nuestros hijos; y amarles a fin de que puedan cumplir los planes de Dios con sus vidas, no los que les deleguemos nosotros.

El amor que invierte los papeles

Este amor que invierte los papeles fue descrito por M. A. Morris y R. W. Gould en su publicación *Child Welfare League*. Ellos lo definen como «una inversión en el papel de la dependencia, según la cual los padres se vuelven hacia sus niños y pequeñitos en busca de crianza y protección».

Brandt Steele y Carl Pollock presentan a su vez una descripción de dicho amor en el libro *The Battered Child*. Allí afirman:

Estos padres esperan y exigen mucho de sus niños y pequeñitos. Su exigencia en cuanto a actuación no solo es grande, sino prematura; y está claramente más allá de la habilidad del niño para comprender lo que se desea de él y para responder del modo apropiado. Tales padres tratan a sus hijos como si fueran mucho mayores de lo que en realidad son. Observar esta acción recíproca conduce a la impresión clara de que el padre o la madre se sienten inseguros de ser amados, y se vuelven hacia el niño como hacia una fuente de seguridad, consuelo y respuesta amorosa. Apenas es una exageración decir que ese padre —o esa madre— actúa como un niño asustado y necesitado de afecto que mira a su propio hijo como si fuera un adulto capaz de proveer consuelo y amor... Aquí vemos dos elementos básicos implicados, una gran expectación y exigencia por parte del padre o de la madre en cuanto a la actuación del niño y una desatención paterna o materna correspondiente con las necesidades de la criatura, sus habilidades limitadas y su impotencia, una falta de percepción del niño por parte sus padres.

El amor que invierte los papeles es la relación primaria del fenómeno del abuso infantil. Los padres que abusan de su hijo, piensan que el niño debe cuidar de sus necesidades emocionales, y que tienen derecho a ser consolados y criados por el pequeño. Cuando este último fracasa en hacerlo, el padre se siente con derecho a castigarle.

El maltrato infantil es la forma extrema de la inversión de papeles; pero todos los padres utilizamos dicha inversión hasta cierto punto. Algunas veces esperamos que nuestro hijo nos haga sentir mejor. Esas ocasiones acontecen por lo general cuando nosotros mismos no nos encontramos bien, ya sea física o mentalmente. Puede que estemos deprimidos, enfermos físicamente, o exhaustos intelectual o corporalmente. En tales momentos, tenemos poco o ningún alimento emocional que proveer a nuestro niño; y puede ser muy difícil darle la contacto visual, el contacto físico o la atención enfocada. Cuando nuestros recursos emocionales o físicos se han agotado, nosotros mismos necesitamos nutrirnos. En condiciones así es difícil dar ya que tenemos poco o nada para ofrecer. En esas situaciones, es muy fácil cometer el error de esperar que nuestro niño sea consolador, alentador, dócil, maduro en su comportamiento y pasivamente obediente. Esas no son las características de un niño normal. Si se le hace asumir ese papel enfermizo, no se desarrollará normalmente, y la lista de posibles desórdenes no tendrá fin.

Los padres no debemos permitir que una situación así se desarrolle. Hemos de comprender que somos nosotros quienes criamos a nuestros hijos y ellos los que reciben la crianza. En esos momentos en que somos incapaces de cumplir con nuestra responsabilidad, tenemos que recuperarnos tan pronto como sea posible; y hasta que estemos listos para volver a asumir ese crucial compromiso de los padres, no debemos acudir a nuestros hijos para que hagan el papel de padres con nosotros. Desde luego, estos pueden ayudarnos en la medida de sus posibilidades —haciendo algunas cosas y trayéndonos algo cuando estemos enfermos—; pero no se debe esperar de ellos que nos nutran emocionalmente.

Deberíamos hacer todo lo posible por prevenir ocasiones en las cuales somos incapaces de nutrir a nuestros hijos. Ello puede significar un mejor cuido de nuestros cuerpos para evitar la enfermedad y la fatiga —por ejemplo una dieta sensata, mucho descanso y ejercicio—; así como mantener nuestra vida espiritual vigorosa y emocionante, asignando bastante tiempo a la oración y la meditación; y lo que es más importante, quiere decir mantener nuestro matrimonio fuerte, saludable y seguro; el cónyuge debe tomar la segunda prioridad y nuestros niños una inmediata tercera. Recuerda: podremos dar más a nuestros hijos si nosotros mismos nos mantenemos llenos emocional y espiritualmente. Esto nos lleva de nuevo al establecimiento de prioridades y a planear para alcanzar las metas.

No elimines lo bueno junto con lo malo

Hemos considerado los cuatro tipos más corrientes de amor inapropiado y varios conceptos erróneos comunes. Por supuesto, estas son maneras de relacionarnos que queremos evitar; no son buenas ni para el hijo ni para los padres.

Sin embargo, al mismo tiempo que evitamos estos errores, no debemos cometer una equivocación mayor y retener el amor *apropiado* de nuestro hijo (este es el error más común en la educación de los niños). Hay muchos más niños que sufren por falta del amor apropiado que por exposición al inapropiado.

El amor apropiado es para el beneficio y bienestar del niño; y el inapropiado sirve a las necesidades anormales y a los problemas emocionales de los padres.

Debemos enfrentarnos a ello: Nuestros hijos tienen necesidades esenciales que solo los padres podemos satisfacer. Si nos encontramos con que no podemos suplir dichas necesidades, mantener llenos sus tanques emocionales, darles contacto visual, contacto físico y atención enfocada abundante como es debido, lo mejor que podemos hacer es buscar y obtener ayuda cuanto antes. Cuanto más esperemos, peor se hará la situación.

8

LA IRA DEL NIÑO

La ira es una respuesta natural en todos nosotros, incluidos los niños pequeños. Sin embargo, lidiar con el enojo en un niño es, en mi opinión, quizás la parte más difícil de la crianza. Y debido a que es arduo, la mayoría de los padres responden a la ira del niño de manera incorrecta y destructiva.

Considera esto: un niño que se enoja tiene bastante limitación para expresar su ira. El niño tiene solo dos opciones: expresarla verbalmente o a través del comportamiento. Ambas formas impiden que el padre sepa cómo responder adecuadamente.

Si el pequeño expresa enojo, por ejemplo, golpeándose la cabeza, lanzando juguetes por todos lados, golpeando o pateando cosas, tal comportamiento debe ser tratado. Por otro lado, si el niño lo expresa en forma verbal, es casi seguro que al padre le va a parecer desagradable, irrespetuoso e inapropiado. Esta forma de mostrar ira, del mismo modo, es intolerable e inaceptable. ¿Qué puede hacer un padre?

Así como sale el vapor de un caldero, la ira tiene que salir de alguna manera. Nadie, incluido el niño, puede reprimir esa ira y continuar con ella dentro. Esa es una de las maneras más destructivas con las que podemos forzar a un niño. Si nos negamos a permitir que exprese su enojo en cualquier forma, lo que ocurre es que el niño empuja el enojo cada vez más profundo, lo que le causará problemas terribles más adelante. El niño que siempre es castigado por expresar su enojo verbalmente o con su conducta no tiene otra elección, sino reprimir la ira y mantenerla dentro. Como resultado, el chico nunca podrá aprender a manejar la ira con madurez.

A eso lo llamo la «trampa del castigo». Como padres, tenemos que entender que ese castigo, en sí mismo, no es la mejor manera de enseñar a los niños en cuanto a cómo para manejar la ira.

Otro error en el que caen los padres al enfrentar la ira infantil es explotar y arrojar su propia carga de ira sobre el niño que está enojado. Uno de los mayores temores del niño es la ira de los padres. Los niños son impotentes frente a la ira paterna. No tienen defensa contra eso. Un ejemplo común es cuando se les hace una reprimenda tan dura como la que sigue: «Nunca más actúes (o hables) de esa manera conmigo. ¿Entiendes?» Cuando un padre le reclama y le grita a un niño, la reacción normal de este es que cierra todas las formas de expresar su enojo; por lo que, como se señaló anteriormente, el niño mantiene la ira dentro; a lo que debe sumar la ira del padre.

Sin duda, la gran mayoría de los padres de hoy no están haciendo un buen trabajo en el manejo de la ira con sus hijos pequeños. Si la ira del pequeño se expresa conductual o verbalmente, es regañado, castigado o ambas cosas. De nuevo, dado que estas son las únicas formas en que el niño puede expresar su enojo, al tratarlo así presiona la ira reprimida.

¿Por qué es esto tan destructivo? Porque al fin y al cabo, la ira debe manifestarse de alguna manera. Si se suprime demasiado, se manifestará como un «comportamiento pasivo-agresivo». Comportamiento que es básicamente inconsciente (fuera de la conciencia del niño) y contrario a la autoridad. Es una motivación inconsciente, por parte del niño, para molestar a las figuras de autoridad (padres y maestros, especialmente) y hacer lo opuesto a lo que se espera de ellos. Una vez que las características pasivo-agresivas comienzan a influenciar el comportamiento del niño, la disciplina se convierte en una pesadilla.

El comportamiento pasivo-agresivo, contrario a la franca y sincera manifestación verbal de la ira, es una expresión de enojo que se manifiesta en la persona en variadas formas, como por ejemplo: la postergación, el descuido, la obstinación, la ineficiencia intencional y el olvido. El propósito subconsciente del comportamiento pasivo-agresivo es molestar al padre o a la figura de autoridad para causarle ira.

Las formas pasivo-agresivas de manejar la ira son indirectas, sutiles, contraproducentes y destructivas. Por desdicha, como el comportamiento pasivo-agresivo es subconscientemente motivado, el niño no es consciente de que está usando ese comportamiento resistente y obstruccionista para liberar el enojo reprimido y molestar a sus padres.

Una de las formas en que un niño pequeño puede mostrar tendencias de comportamiento pasivo-agresivas tempranas, es cuando defeca en sus pantalones después de haber sido entrenado para usar el inodoro; un método muy efectivo pero una forma poco saludable de expresar enojo. En la mayoría de los casos, los padres prohíben cualquier expresión de enojo, sobre todo verbalmente, o manifiestan su propia ira ante el niño en momentos como esos. Esa clase de padres pueden hacer muy poco en tales situaciones. Se arrinconan en una esquina. La mayoría de ellos castigan al niño, pero cuanto más lo castiguen, más se ensuciará este sus pantalones, para trastornar subconscientemente a sus padres. ¡Qué dilema! Dios compadezca tanto a los padres como a los hijos en tales episodios.

Muchos niños en edad escolar utilizan el comportamiento pasivo-agresivo para expresar su enojo mediante calificaciones más bajas que las que son capaces de lograr. Con su actitud les dicen a sus padres algo así como lo que sigue: «Puedes llevar el caballo al río, pero no puedes hacer que beba el agua». Lo cual, para un chico con comportamiento pasivo-agresivo que usa las malas calificaciones para que sus padres se enojen se traduce en: «Puedes hacer que vaya a la escuela, pero no obligarme a obtener buenas calificaciones». De nuevo, ante el comportamiento pasivo-agresivo, los padres están indefensos; la ira del chico tiene el control, aunque no se manifieste visiblemente. Cuanto más se molesten los padres —lo cual es el propósito subyacente a todo esto—, más empeora la situación.

Es importante enfatizar otra vez que un niño con comportamiento pasivo-agresivo no hace esas cosas consciente o deliberadamente para enojar a las figuras de autoridad. Eso es parte de un proceso inconsciente del cual el chico no es consciente y en que el mismo ha sido forzado a caer por la «trampa del castigo».

El comportamiento pasivo-agresivo es muy común. ¿Por qué? Porque la mayoría las personas no entienden la ira ni saben qué hacer con ella. Piensan que el enojo —o la ira— es de alguna manera incorrecto o pecaminoso, por lo que el niño debe ser «disciplinado» a fin de echar fuera todo lo que tenga que ver con eso. Esto es un serio malentendido, porque la sensación de ira es normal; cada ser humano a través de las edades ha sentido ira, incluido Jesús, que se enojó con los que hicieron mal uso del templo. Supongamos que tu hijo se enoja y lo azotas o le gritas: «¡Deja de hablar así! No te lo permito». O incluso grites: «¡Cállate o te castigaré!» ¿Qué puede hacer un chico en esa circunstancia? Solo dos cosas: desobedecerte y continuar «hablando de esa manera» u obedecer y «dejar de hablar de esa forma». Si el niño elige esto último y deja de expresar la ira, esta simplemente será reprimida; por lo que permanecerá latente en el subconsciente, esperando poder manifestarse más tarde a través de un comportamiento inadecuado o pasivo-agresivo.

Otro error, relacionado con la supresión de la ira, que algunos padres cometen es el uso inapropiado del humor. Siempre que una situación se pone tensa, sobre todo si alguien se enoja, algunos padres se burlarán y tratarán de incluir algo de humor para aliviar la tensión. Por supuesto, el humor es un activo maravilloso en cualquier familia. Pero en caso de que se utilice de manera constante para evadir el manejo apropiado de la ira, los niños simplemente no pueden aprender a tratarlo de modo apropiado.

El comportamiento pasivo-agresivo se arraiga con facilidad y usualmente se convierte en un patrón para toda la vida. El chico al que no se le enseña a tratar apropiadamente con la ira y que —en consecuencia— tampoco trata con ella adecuadamente en su adolescencia, puede usar técnicas pasivo-agresivas en sus relaciones a lo largo de toda su vida. Esto puede afectar sus relaciones más adelante con el cónyuge, los hijos, los compañeros de trabajo y los amigos. El comportamiento pasivo-agresivo es también la principal fuerza tras las drogas, el sexo inapropiado, el fracaso escolar, la fuga y el suicidio. ¡Qué trágico! Lo lamentable es que la mayoría de esas personas desafortunadas apenas son conscientes de su patrón de comportamiento contraproducente o de sus problemas con el manejo de la ira. No hay duda: la principal amenaza para su hijo —toda la vida— es su propia ira.

El comportamiento pasivo-agresivo es la peor forma de lidiar con el enojo por diversas razones, como por ejemplo: (1) Puede convertirse fácilmente en un tenaz patrón de comportamiento arraigado para toda la vida; (2) puede distorsionar la personalidad y hacer del individuo alguien bastante desagradable; (3) puede interferir en todas las relaciones de la persona; (4) es uno de los trastornos de conducta más difíciles de tratar y de corregir.

Las Escrituras instruyen a los padres a entrenar al niño con corrección. Obligarle a suprimir la ira y no tratarla adecuadamente hace lo opuesto. Es crucial entrenar al niño de la forma adecuada para que lidie con la ira. Hay que enseñarle a resolver la ira, no a suprimirla.

Instruir a nuestros niños y adolescentes a controlar o lidiar con la ira es lo que realmente considero que es la parte más difícil de la crianza de los hijos. Primero, es más difícil porque no es algo que sucede de forma natural. Como ya lo hemos comentado, la respuesta más natural a la ira del niño es que nos enojamos más que él y, además, agregamos la ira nuestra. Segundo, enseñar la manera correcta de tratar con la ira es difícil porque es un proceso largo y tedioso. Como objetivo, queremos que nuestro hijo maneje la cólera con madurez a la edad de dieciséis o diecisiete años. Sin embargo, ese es un asunto lento puesto que controlar o manejar la ira en sí mismo, es un proceso de maduración. Y todo proceso de ese tipo es largo, pausado y complejo. Por tanto, el adulto inmaduro maneja la ira de forma inmadura y el adulto maduro la maneja en forma madura. El comportamiento pasivo-agresivo es el modo más inmaduro de manejar la ira. Por otro lado, la forma más madura de controlar la ira es verbalmente, con gracia y, en lo posible, tratando el asunto con la persona con la que estamos enojados para resolverlo en buenos términos.

No se puede esperar que ningún niño aprenda a manejar la ira rápidamente. El padre que es sabio se da cuenta de que el chico bien enseñado aprenderá gradualmente esas lecciones críticas a medida que pase de una etapa de desarrollo a otra. No se puede esperar a que tenga seis, siete o incluso más años para que aprenda específicamente cómo lidiar con la ira en una forma madura. Los padres siempre deben evitar el comportamiento pasivo-agresivo arraigado en el niño. Cuando este ya tenga cierta capacidad, es que se puede entrenar —de manera específica— en cómo manejar ese enojo con más madurez. Este tema es demasiado extenso para cubrirlo adecuadamente en este breve capítulo.

El apóstol Pablo, en su Carta a los Efesios 6:4 dice: «Padres, no hagan enojar a sus hijos, sino críenlos según la disciplina e instrucción del Señor». Por tanto, analízalo y lee detenidamente los siguientes capítulos en este libro sobre la disciplina. Sé cuidadoso con la disciplina, usa el castigo como último recurso y abstente de verter tu enojo en tu hijo. Padres, hagan todo lo que esté a su alcance por seguir siendo agradables con sus hijos, pero sin dejar de ser apropiadamente firmes. Si hay dos palabras que resumen la crianza cristiana, esas son: *agradable* y *firme*.

Agradable implica amabilidad, optimismo y abstención de infundir miedo o ansiedad en el niño, sobre todo con nuestro enfado. Firmeza implica expectativas justas con coherencia. No significa rigidez e inflexibilidad; al contrario, la firmeza considera la edad del niño, las habilidades y el nivel de madurez.

Sí, enseñar a un niño a manejar la ira es difícil, pero es una de las responsabilidades más importantes en la crianza de los hijos en la actualidad. Como padres, debemos ser serios al respecto y muy cuidadosos en cuanto a saber realmente lo que estamos haciendo. ¡Es mucho lo que hay en juego!

Antes de concluir este capítulo, repasemos algunas maneras de prevenir que el comportamiento pasivo-agresivo eche raíces en el chico. Primero, es cierto que los padres quieren mantener el nivel de ira del niño lo más bajo posible. Por eso, cuanto más se provoque —sin necesidad de ello— al niño a enojarse, más difícil será entrenarlo para que controle eso con madurez.

La primera forma en que la mayoría de los padres tendemos a enfadar innecesariamente a los hijos se manifiesta en el modo en que hablamos. Dirigirnos a un niño en un tono áspero, en particular grave, le presiona el botón de enojo. Esto es especialmente cierto si hablamos de modo que la inflexión al final de la frase sea más baja. Además, cuando el niño ya está enojado y le hablamos en un tono áspero, lo que estamos realmente haciendo es verter nuestra propia ira sobre él e innecesariamente hacemos que reprima su ira. Estamos realmente montando el escenario —nosotros mismos (y el niño)— para terribles problemas en el futuro. Lo cierto es que esa ira va a salir en el futuro y se manifestará en un comportamiento pasivo-agresivo que perjudicará al niño en formas que no podemos ni imaginar. Y lo más trágico, una vez que eso comienza, es que no hay casi nada que podamos hacer para ayudar a ese hijo o hija. ¡Es una gran pérdida!

Sin embargo, lo maravilloso es que si le hablamos al niño en forma apropiada no solo le ayudaremos a prevenir el comportamiento pasivo-agresivo, sino que también le inculcaremos un profundo amor y respeto por sus padres, además de prepararlo para que controle o maneje la ira. Esto lo hacemos hablándole en tonos más claros y con una inflexión —al final de la frase— ascendente. Es difícil de explicar cómo hablar con inflexiones ascendentes, pero es fácil de mostrar. Piensa en el oso Yogui. A todos les encanta. ¿Sabes por qué? Porque todo lo que el oso Yogui habla, siempre lo dice con una oración que termina en una inflexión ascendente. No puedo decirte cuántos niños aprecian, aman y respetan a un padre que les habla de manera agradable y respetuosa.

El siguiente método para prevenir problemas desastrosos con el manejo de la ira radica en cómo miramos al niño, especialmente cuando está enojado. Ya hemos hablado sobre la importancia del contacto visual amoroso. Sin embargo, la expresión en nuestros rostros también es crucial. Esto es especialmente cierto cuando el niño está enojado. Considera lo que sigue: el niño está molesto, irritado y se acerca a ti con palabras enojadas. Antes que nada, asegúrate de no causarle innecesariamente más enojo. Si lo miras con el ceño fruncido (que es mi tendencia), o una sonrisa (que es lo que hace mi esposa, Pat), el niño realmente sentirá que le estás gritando, riéndole o menospreciándolo. El padre inteligente empleará un «gesto neutral». Esto puede parecer tonto, pero ponte frente a un espejo y practica adoptando un gesto neutral. Eso pagará muchos dividendos a medida que los años pasen. Evitará que se acumulen montañas de ira innecesaria en tu hijo.

Otro método para ayudarnos, como padres, con el entrenamiento para controlar la ira en nuestros hijos es practicar el «monólogo». En esos períodos tensos, especialmente cuando el padre o el hijo están enojados, hablar con nosotros mismos internamente es una forma de evitar que tratemos con nuestra propia ira en forma inmadura. Emplea declaraciones autodirigidas como: «Bien, Ross, mantente calmado, agradable pero firme»; «Mientras mejor manejes tu enojo, mejor y más pronto lo harás aprender a manejar el suyo»; «Cuanto mejor hagas tu trabajo siendo un buen modelo, menos problemas tendrá con su comportamiento». ¿Captas la idea? Debemos seguir recordándonos la importancia de ser un buen ejemplo para el niño. Cuando olvidamos eso, tendemos a mostrarle nuestro enojo al niño, el método ideal para que use maneras pasivo-agresivas de manejar la ira.

Miles de padres han sido ayudados a comprender la ira al visualizar lo que llamo «escalera de la ira». Por favor, observa la ilustración más adelante. Queremos ayudar a nuestros niños a que asciendan la escalera de la ira mientras los entrenamos a lo largo de los años: peldaño por peldaño. Deseamos verlos avanzar, en cuanto a tratar con su ira, de las formas más negativas a las más positivas. Queremos ver chicos que controlen su ira con madurez cuando tengan unos diecisiete años. La manera más positiva de controlar la ira es verbal y placenteramente; si es posible, resolviendo el asunto con quien estemos airados. Si eso no es posible, al menos deberíamos resolver la ira que tenemos dentro.

Este es un proceso largo que involucra entrenamiento, ejemplo y paciencia. A menudo, el niño se mueve lentamente de lo más negativo a lo menos negativo. Como resultado, los padres no siempre pueden ver el progreso puesto que el manejo de la ira puede ser negativo, aunque no tanto.

Recuerda que tu hijo solo puede subir un escalón a la vez. Si esperas que el proceso y la capacitación se terminen pronto, será frustrante para ti. Este no es un curso de dos semanas. Se necesitan años desde el momento en que el niño comienza a enojarse hasta que es entrenado para manejar bien la ira. Eso casi nunca ocurre antes de la edad de los diecisiete. Es posible que tengas que esperar un tiempo antes de que el chico esté listo para dar el siguiente paso. La velocidad a la que un niño progresa no puede apresurarse, pero se puede ralentizar. Es por eso que la paciencia es primordial. Al observar a tu hijo expresar enojo,

Escalera de la ira

FORMAS POSITIVAS

1. ACTUAR DE MANERA AGRADABLE • BUSCAR LA SOLUCIÓN • ENFOCAR EL ORIGEN DE LA IRA • APUNTAR AL MOTIVO PRINCIPAL DE LA IRA • PENSAR SENSATAMENTE
2. ACTUAR DE MANERA AGRADABLE • ENFOCAR EL ORIGEN DE LA IRA • APUNTAR AL MOTIVO PRINCIPAL DE LA IRA • PENSAR SENSATAMENTE

FORMAS POSITIVAS Y NEGATIVAS

3. ENFOCAR EL ORIGEN • APUNTAR AL MOTIVO PRINCIPAL • PENSAR SENSATAMENTE • actuar con rudeza, alzar la voz
4. APUNTAR AL MOTIVO PRINCIPAL DE LA IRA • PENSAR SENSATAMENTE • actuar con rudeza, alzar la voz • volcar la ira en otros
5. ENFOCAR EL ORIGEN DE LA IRA • APUNTAR AL MOTIVO PRINCIPAL • PENSAR SENSATAMENTE • actuar con rudeza, alzar la voz • abuso verbal.
6. PENSAR SENSATAMENTE • actuar con rudeza, alzar la voz • volcar la ira en otros • expresar quejas no relacionadas.

FORMAS PRINCIPALMENTE NEGATIVAS

7. actuar con rudeza, alzar la voz • volcar la ira en otros • expresar quejas no relacionadas • comportamiento emocionalmente destructivo
8. actuar con rudeza, alzar la voz • volcar la ira en otros • expresar quejas no relacionadas • abuso verbal • comportamiento emocionalmente destructivo
9. actuar con rudeza, alzar la voz • maldecir • volcar la ira en otros • expresar quejas no relacionadas • abuso verbal • comportamiento emocionalmente destructivo
10. ENFOCAR EL ORIGEN DE LA IRA • actuar con rudeza, alzar la voz • maldecir • volcar la ira en otros • lanzar objetos • comportamiento emocionalmente destructivo
11. actuar con rudeza, alzar la voz • maldecir • volcar la ira en otros • lanzar objetos • comportamiento emocionalmente destructivo

FORMAS NEGATIVAS

12. ENFOCAR EL ORIGEN DE LA IRA • actuar con rudeza, alzar la voz • maldecir • destruir propiedades • abuso verbal • comportamiento emocionalmente destructivo
13. actuar con rudeza, alzar la voz • maldecir • volcar la ira en otros • destruir propiedades • abuso verbal • comportamiento emocionalmente destructivo
14. actuar con rudeza, alzar la voz • maldecir • volcar la ira en otros • destruir propiedades • abuso verbal • abuso físico • comportamiento emocionalmente destructivo
15. comportamiento pasivo-agresivo

identifica en qué punto de la escalera de la ira se encuentra. Una vez que lo hagas, sabrás el próximo paso que debes dar y podrás ayudarlo.

Uno de mis ejemplos favoritos de lo anterior es una experiencia desagradable que tuve con mi hijo David cuando tenía trece años. A veces verbalizaba su ira en formas que no me agradaban. Consciente de que la expresión de su ira me ayudaría a entender en qué punto de la escalera de la ira estaba él, tenía que sostener monólogos conmigo mismo, valga la redundancia. Así que me decía: «Aquí voy, David, aquí voy. Deja salir esa ira, porque cuando todo acabe, te ganaré». Cuando esa ira invadía a David, controlaba la casa. Incluso, una vez que la sacaba —expresada verbalmente— se sentía tonto y se preguntaba él mismo: «¿Ahora qué hago?» Entonces podría recuperar el control y podría adiestrarlo en el manejo de la ira de manera apropiada.

Mientras más enojo expresara verbalmente, menos se manifestaría la ira en otras formas más destructivas como mentir, robar, drogas y otras conductas pasivo-agresivas. Dejar que un niño verbalice su ira les permite a los padres entender en qué peldaño de la escalera la ira está y limitar el potencial comportamiento pasivo-agresivo.

Tratar con la ira de un niño de esta manera no siempre es fácil. Puede que veas eso como algo permisivo. El niño naturalmente expresa su enojo en formas inmaduras. Entrenarlo para que exprese su ira en formas más maduras no puede hacerse airándose con él ni exigiéndole que deje de desahogar la ira. De ser así, el resultado es que el niño exagerará la ira y, por lo tanto, convertirá el comportamiento pasivo-agresivo en el medio para expresar ese enojo.

Para entrenar al niño a manejar la ira con madurez debes, cuando sea apropiado, permitir que la exprese verbalmente aunque sea algo desagradable. Solo entonces puedes llevarlo a la escalera de la ira. Ten presente siempre que la ira debe manifestarse verbal o conductualmente y que solo la ira expresada en forma verbal evita el comportamiento pasivo-agresivo. El principal problema, por tanto, es saber cuándo es apropiado que el niño exprese su ira verbalmente y cuando no. Expresar esa ira ante los padres, debido a una razón específica, justifica que el niño pueda manifestarla verbalmente. Sin embargo, expresar enojo de manera abusiva o intentar manipular al padre con el enojo es una mala conducta que debe tratarse como otros malos comportamientos, punto que veremos en el capítulo sobre la disciplina.

Entrenar a un niño para que maneje o controle la ira en forma madura es una tarea difícil y compleja, pero cualquier padre que esté dispuesto a aprender cómo hacerlo, puede lograrlo.

9

¿QUÉ ES LA DISCIPLINA?

A menudo dicto una serie de conferencias sobre las relaciones entre padres e hijos en diversas iglesias y grupos cívicos; y abarco el material de una manera muy semejante a como lo hago en este libro. Pasamos tres o cuatro horas hablando acerca de cómo amar a un niño antes de tratar el tema de la disciplina. Invariablemente, después de dos o tres horas, un padre o una madre se me acerca y me dice: «Hasta ahora me han gustado las conferencias, pero ¿cuándo llegaremos a la disciplina? Es ahí donde tengo problemas y necesito respuestas».

Este pobre padre por lo general ha comprendido mal: (1) la relación entre amor y disciplina; y (2) el significado de la disciplina. En su mente ha separado amor y disciplina, como si fueran dos cosas distintas. No es de extrañar que dicho padre esté confuso y tenga problemas en cuanto a controlar a su hijo.

Los padres confundidos de esta manera asumen habitualmente que disciplina quiere decir castigo (corrección, según algunos). Ambas suposiciones son falsas. A esos padres les enfatizo, y espero hacer lo mismo contigo, que el amor y la disciplina no se pueden separar; y que el castigo es una parte muy pequeña de la disciplina.

La primera cosa que debemos comprender con objeto de que nuestro hijo esté bien disciplinado, es que *la parte principal y más importante de una buena disciplina es hacer que el niño se sienta amado.* Desde luego, no es el todo, pero es lo más importante.

Lo que se ha mencionado hasta ahora en este libro es el aspecto más significativo de la disciplina, y se debe aplicar si hemos de esperar los mejores resultados al disciplinar a nuestros hijos. A estas alturas no tiene sentido seguir leyendo, si no has aplicado lo que ya se ha dicho y mantenido lleno el tanque emocional de tu niño. Si no has hecho que este se sintiera amado con un contacto visual, un contacto físico y una atención enfocada abundantes y del modo apropiado, *por favor no sigas leyendo*; los resultados te decepcionarán. La aplicación de las técnicas de control del comportamiento sin un fundamento de amor incondicional es algo barbárico y no escritural. Puede que tengas un niño que se comporta bien mientras es pequeño, pero a la larga los resultados son de lo más desalentadores. Solamente una relación fundada en vínculos de amor saludable perdura a través de todas las crisis de la vida.

¿Qué es la disciplina?

Ahora bien, ¿qué es disciplina? ¿Cuál es tu definición? En el terreno de la educación infantil, la disciplina es la preparación de la mente y del carácter de un hijo con el objeto de capacitarle para que llegue a ser un miembro de la sociedad constructivo y con dominio propio. ¿Qué implica dicha disciplina? La disciplina implica la preparación a través de todo tipo de comunicación: dirección por medio del ejemplo, del establecimiento de pautas, de la instrucción verbal, de la instrucción escrita, de las peticiones orales y asimismo escritas, de la enseñanza, y del proveer experiencias instructivas y divertidas. La lista es bastante larga.

Sí, el castigo se encuentra en esta lista; pero es solo una de las muchas maneras de disciplinar, y el factor más negativo y primitivo. Desgraciadamente tenemos que utilizarlo a veces y discutiremos la manera de hacerlo más adelanté. Ahora, deberíamos volver a destacar que guiar al niño a las ideas y acciones debidas es muy superior al castigo por la acción indebida.

Con una clara definición de la disciplina en tu mente, considérala de nuevo en relación al amor incondicional. *La disciplina es inmensurablemente más fácil cuando el niño se siente amado de verdad.* La razón de ello es que él quiere identificarse con sus padres, cosa que solo puede hacer si sabe que es genuinamente amado y aceptado; solo entonces es capaz de aceptar la guía de ellos sin hostilidad y sin poner obstáculos.

Sin embargo, si un niño no se siente auténticamente amado y aceptado, tiene verdadera dificultad en identificarse con sus padres y los valores de estos. Sin un vínculo de amor fuerte y saludable con sus progenitores, el hijo reacciona a la guía de ellos con ira, hostilidad y resentimiento; por lo que considera cada petición una imposición y aprende a resistirla. En algunos casos, el niño aprende a pensar en cada petición de los padres con tal resentimiento que toda su orientación hacia la autoridad (y, a la larga, hacia todo lo que la represente) se reduce a hacer exactamente lo opuesto de lo que se demanda de él. Este tipo de desorden emocional está aumentando a un paso alarmante en los Estados Unidos, sin excluir a los niños de las familias cristianas.

Espero que te percates de lo importante que es el amor incondicional para la buena disciplina. Cuanto más mantengamos lleno el tanque emocional del niño, más responderá este a la disciplina. Cuanto menos lleno esté dicho tanque emocional, tanto menos responderá el hijo a esa disciplina.

Un aspecto que todavía no hemos mencionado del amor apropiado, es escuchar concentradamente (activamente). Esto consiste en escuchar al niño de tal manera que esté seguro de que sabe lo que estás tratando de comunicarle. Cuando el chico sabe que entiendes cómo se siente y lo que quiere, está mucho más dispuesto a responder de una manera positiva a la disciplina, especialmente cuando no se está de acuerdo con él. Nada le produce más frustración a un hijo que el que se le diga que haga algo cuando siente que sus padres no comprenden su posición. Eso no significa que haya que complacer sus exigencias o caprichos, sino sencillamente que se le debe escuchar de tal modo que no sienta que uno no ha hecho caso a sus pensamientos y sentimientos cuando emplea su autoridad. ¿Es esto irrazonable? Si piensas que sí lo es, no estás considerando a tu hijo como una persona diferente y valiosa.

Medita en ello. Cuando tu hijo siente que has considerado su posición y sus sentimientos, tú mismo has calmado la ira y el resentimiento que podrían volver más tarde a perseguirle. ¿No hace el Padre celestial lo mismo contigo? Cristo dijo: «Pidan, y se les dará; busquen, y encontrarán; llamen, y se les abrirá. Porque todo el que pide, recibe; el que busca, encuentra; y al que llama, se le abre. ¿Quién de ustedes, si su hijo le pide pan, le da una piedra? ¿O si le pide un pescado, le da una serpiente? Pues si ustedes, aun siendo malos, saben dar cosas buenas a sus hijos, ¡cuánto más su Padre que está en el cielo dará cosas buenas a los que le pidan!» (Mateo 7:7-11).

Escuchar a un niño concentradamente requiere por lo menos contacto visual, contacto físico y atención enfocada si es posible y conveniente. Admitir que comprendes a tu hijo (aunque no estés de acuerdo con él) es, por lo general, de ayuda; repetirle los pensamientos y sentimientos que él ha expresado es una buena manera de asegurarse de que se le entiende. Los pensamientos de un niño y sus sentimientos también pueden modificar tu comprensión y tus acciones.

Recuerdo un incidente que tuve con mi hija de dieciséis años. Cierta noche —de un día de semana— la dejamos ir con otros tres jóvenes a un combate de lucha libre que se iba a realizar en su escuela, le dijimos que volviera a casa en cuanto acabara la pelea. El combate terminaba alrededor de las diez y, por lo general, se tardaba aproximadamente de 30 a 45 minutos en el recorrido. A las once en punto empecé a preocuparme; y a las 11:15 llamé a los padres de uno de los chicos. Estos me dijeron que el grupo se había detenido en su casa para abordar un auto con neumáticos para nieve (ya que había comenzado a nevar), y los padres decidieron ofrecerles un refrigerio. Los jóvenes habían salido de la casa a las 11:10 aproximadamente. Mi hija llegó a nuestro hogar a las 11:40.

Yo estaba furioso. La mandé a la cama después de darle un sermón acerca de la responsabilidad y la castigué a una semana sin salir. ¿Por qué reaccioné sin escuchar lo que la chica tenía que decir? Estaba pensando más en mí mismo que en la situación en sí. No me sentía bien aquella noche y quería irme a dormir temprano; además tenía un horario muy ocupado al día siguiente. En segundo lugar, mi hija se retrasó más de lo que yo esperaba y no nos llamó para decirnos que llegaría tarde. Por lo tanto, di por hecho que ella había sido completamente negligente al respecto.

Tengo una hija sabia; por lo que esperó hasta el día siguiente —cuando yo había recobrado la serenidad y mis modales apacibles— para informarme todos los hechos. También sabía que yo escucho mejor (escuchar concentradamente) cuando no estoy enfadado. Según resultó, los jóvenes tomaron el camino más seguro hacia casa, que era el más largo. El hielo y la nieve hacían que las carreteras estuvieran resbaladizas. Me estaba diciendo la verdad; ya que todo encajaba. En lo que se descuidó fue en no habernos llamado cuando vio que se retrasaría más de lo que esperábamos. Después de pedirle perdón por haber reaccionado en exceso, reduje el castigo para que fuera proporcional a la falta que había cometido.

Hay dos lecciones que podemos aprender de esa experiencia: la primera de ellas es la importancia de escuchar realmente a un hijo cuando está comunicándose; podía habernos evitado, a mí frustración, y a mi hija dolor, posible ira y resentimiento hacia mí; si hubiese escuchado antes de actuar.

La otra lección es la importancia de controlar nuestras emociones en esos momentos. Creo sinceramente que el mayor enemigo de los padres para educar a sus hijos son sus propios sentimientos incontrolados; especialmente la ira. Como en la experiencia que acabamos de describir, esta puede llevarnos a decir o hacer cosas que más tarde lamentaremos. La ira excesiva —sobre todo la ira incontrolada—, al principio asustará al niño e incluso puede parecer que ayuda a su comportamiento; pero es solamente algo temporal. A medida que un hijo se va haciendo mayor, la expresión de ira excesiva (arranques de cólera), en los padres, infundirá una cada vez mayor falta de respeto hacia ellos junto con el ocultamiento de la propia ira del hijo y su resentimiento gradual. Cuando uno se detiene a pensar en ello, se da cuenta que los sentimientos incontrolados hacen que la otra persona te falte el respeto. ¿Por qué deberíamos esperar que fuera de otra manera con nuestro cónyuge o nuestros hijos?

Sabes igual que yo que, a veces, todos perdemos la calma. Algo que hemos de recordar es que, cuando nos pase eso, no deberíamos temer pedir perdón una vez que las cosas se hayan apaciguado. Es muy posible que convirtamos algo malo en una cosa hermosa. Es asombroso lo agradable que puede llegar a ser la comunicación en una familia, cuando un miembro de la misma es suficientemente noble como para pedir perdón si ha hecho algo mal; y el perder la calma de un modo impropio (reaccionar en exceso) puede ser una de esas ocasiones. Lo creas o no, los momentos de calor e intimidad que siguen por lo general a ello, se cuentan entre aquellas memorias especiales que un niño (y los padres) nunca olvidan; las cuales no tienen precio.

Sin embargo, las reacciones emocionales excesivas solo se pueden tolerar en una familia hasta cierto punto —especialmente si no se pide perdón—, y deberían mantenerse al mínimo. ¿Cómo se puede conseguir esto?

Controla tu ira

Es importante recordar que la ira es difícil de controlar bajo ciertas condiciones; algunas de las cuales son: (1) cuando una persona está deprimida; (2) cuando está asustada; (3) cuando no se encuentra bien físicamente; (4) cuando está cansada mental o físicamente; y (5) cuando su vida espiritual no es saludable.

Se podría escribir un libro acerca de cómo arreglárselas con cada uno de estos problemas. Baste por ahora advertir a cada padre que cuide de sí mismo mental, emocional, física y espiritualmente. La falta de salud en cualquiera de esas áreas puede dificultar la relación entre padres e hijos, entre esposo y esposa y de hecho todas las demás; dañando, primordialmente, nuestra habilidad para controlar la ira. ¡Mantengámonos en forma! La ira incontrolada es perjudicial para una buena disciplina.

Disciplina y castigo

Espero que estés comprendiendo que hay mucho que tenemos que hacer antes de que podamos esperar que nuestros hijos respondan bien a la disciplina. Todo el mundo puede pegarle a un niño con una vara como manera principal de controlar su comportamiento. Para ello no se necesita tener sensibilidad, ni discernimiento, ni comprensión, ni talento. Depender del castigo corporal como principal método disciplinario es cometer el error crítico de dar por sentado que disciplina equivale a castigo. La disciplina es *instruir* al niño en el camino en el cual debería andar; el castigo es solo una parte de ello y, cuanto menos se utilice, mejor. Por favor, recuerda esta declaración: *cuanto mejor disciplinado esté un niño, menos castigo necesitará.* Lo bien que un niño responde a la disciplina, depende principalmente de cuán amado y aceptado este se siente.

Por tanto, nuestra mayor tarea es hacer que el niño se sienta amado y aceptado.

Hay varias razones por las cuales son tantos los padres que caen en la trampa del castigo y de alguna manera aceptan la idea de que su mayor responsabilidad en cuanto a la disciplina (preparar al niño) es darle azotes (castigarlo).

Una de dichas razones es porque hay muchos libros, artículos, seminarios, institutos, programas de radio, sermones y disertaciones que abogan por el castigo corporal, mientras restan importancia a todas las otras necesidades del niño o las pasan por alto; sobre todo el amor. Pocos son los que defienden al niño y sus necesidades reales. Gran cantidad de personas están pidiendo dogmáticamente hoy que se castigue a los niños; llamando a eso disciplina, y recomendando la forma de tratamiento humano más dura y extrema. Pero lo que lo deja a uno más perplejo es que muchos de esos consejeros dicen que se trata de un enfoque bíblico; por lo que citan tres versículos de la Biblia (Proverbios 13:24; 23:13 y 29:15) para justificar totalmente el hecho de golpear al niño, pero olvidan mencionar los cientos de versículos de la Escritura que hablan del amor, de la compasión, de la sensibilidad, de la comprensión, del perdón, de la crianza, de la guía, de la bondad, del afecto y del dar; como si el niño tuviera poco o ningún derecho a esas expresiones de amor.

Los promotores del castigo corporal parecen haber olvidado que la vara del pastor a la que se refiere la Escritura era usada casi exclusivamente para *guiar* a las ovejas, no para golpearlas. El pastor dirigía cariñosamente sus ovejas, y en especial a los corderos, sosteniendo sencillamente la vara para impedirles que se fueran en la dirección equivocada y luego, las empujaba tiernamente hacia el camino debido. Si la vara fue (o es) un instrumento utilizado principalmente para azotar, me costaría trabajo entender el Salmo 23, que dice: «tu vara de pastor me reconforta» (versículo 4).

No he oído a ninguno de dichos promotores declarar que puede haber veces cuando el castigo sea dañino. Muchos padres han salido de esos encuentros o de sus conferencias con la idea de que el castigo corporal es la manera principal, o la única, de relacionarse con el niño.

Los resultados de este enfoque

He visto personalmente los resultados que produce este enfoque. Chicos que eran pasivos, dóciles, muy callados, retraídos y fáciles de controlar en la niñez, al hacerse adolescentes carecían de un vínculo de amor fuerte y saludable con sus padres, por lo que gradualmente llegaron a ser provocadores, resentidos, difíciles de controlar, egocéntricos, egoístas, sin afecto, insensibles, rencorosos, despiadados, rebeldes a la autoridad y poco amables.

Creo que la Escritura es de bastante ayuda aquí. El apóstol Pablo ordenó: «Y ustedes, padres, no hagan enojar a sus hijos, sino críenlos según la disciplina e instrucción del Señor» (Efesios 6:4). Me gusta la paráfrasis que Kenneth Taylor hace en la *Nueva Traducción Viviente* de este pasaje: «Padres, no hagan enojar a sus hijos con la forma en que los tratan. Más bien, críenlos con la disciplina e instrucción que proviene del Señor» (Efesios 6:4).

¿Te has dado cuenta de ese rasgo engañoso en un niño que es disciplinado primordialmente con el castigo? Sí, es fácil de controlar. Esta es la otra razón por la cual tantos padres caen en la trampa. Cuando el chico es pequeño, su comportamiento se puede controlar bien, por lo general, con solo el castigo corporal. Esto es si uno considera como buen comportamiento la obediencia sumisa, la falta de espontaneidad, la falta de confianza en sí mismo y la docilidad ansiosa.

Puede que esto te sorprenda, pero he visto a muchos chicos muy pequeños que fueron educados con abundante castigo —especialmente con castigo corporal— los cuales eran difíciles de manejar aun a una edad temprana. A esos pobres niños, se les daban azotes severamente, pero estos no tenían efecto, y a menudo los pequeños ni siquiera lloraban. Desde luego, antes de venir a mí, muchos padres han intentado toda clase de consejo que se les ha dado, desde tratar de administrarles más castigo todavía (como pellizcarle el músculo trapecio), hasta ofrecerles a los niños caramelos o ponerles en ciertos tipos de escuelas de párvulos rígidamente estructuradas. En todos los casos, uno de los problemas era un vacío en la relación de los lazos de amor entre padres e hijo. Esos niños, sencillamente no se sentían amados y aceptados de una manera auténtica. En esa edad tan temprana, el resentimiento y la actitud desafiante pueden desarrollarse hasta tal punto —a causa de una falta de amor incondicional—, que ni siquiera el castigo corporal logra dominar dichas respuestas.

Lo primero, primero

Queridos padres: lo primero, primero. Ejerciten el amor incondicional y *luego* la disciplina. Darle prioridad a lo primero creará una relación positiva entre los padres y el niño, y mantendrá las interacciones *negativas* —como el castigo corporal—, al mínimo. Noten que no digo que el amor incondicional abolirá la necesidad de dicho castigo corporal. ¡Cómo me gustaría que así fuera! Cuanto más genuinos e incondicionales sean los lazos amorosos de los padres con los hijos, más positiva será la relación, haciendo mínima la necesidad de castigo. Desafortunadamente, el castigo es necesario a veces, lo cual exploraremos juntos más tarde.

Para resumir diremos que, con objeto de que el niño responda bien a la disciplina (preparación), los padres deben darle lo que necesita. Los niños solo pueden aprender (ser preparados) bien, si son felices, se sienten protegidos, están satisfechos, tienen confianza, se sienten seguros, aceptados y amados. Esperar que un niño aprenda; es decir, que sea disciplinado sin que nosotros le demos lo que necesita es bastante cruel. Pero ¿qué entonces con pegarle por no estar a la altura de lo que esperamos de él? Tratamos mejor a nuestras mascotas.

Permíteme dar una ilustración: Un agresivo entrenador de fútbol americano de la escuela amenazó en cierta ocasión a mi hija de trece años con pegarle con una paleta por hablar mientras estaba almorzando en la cafetería de la escuela. Así que llamé a uno de los responsables de la escuela y le pregunté si la administración escolar permitía que se les pegara a los niños (especialmente que las niñas adolescentes fueran golpeadas por profesores varones, con todas las connotaciones sexuales conectadas con un acto semejante). Me contestó: «¡Sí!» Cuando le inquirí si le pegaba a su perro, respondió: «No». Me pregunto por qué los niños están llegando a tener cada vez menos respeto por la autoridad y a ser más rebeldes a la misma. ¿Te lo explicas tú?

La trampa del castigo corporal

Una razón importante por la cual es peligroso utilizar el castigo corporal como uno de los medios principales para controlar el comportamiento, es porque dicha sanción alivia drásticamente el sentimiento de culpa. El castigo corporal degrada, deshumaniza y humilla al niño. Como resultado, este puede sentir que la paliza es un castigo suficiente en sí. Si el castigo corporal se administra con bastante frecuencia y severidad, el sentimiento de culpa no tendrá suficiente estímulo para hacer que un niño desarrolle la conciencia adecuada. Sin el fundamento del amor incondicional, las fases de desarrollo necesarias —especialmente la de la identificación apropiada con los padres—, no evolucionarán; debilitando aun más el desarrollo de una conciencia saludable.

Muchos olvidan el importante factor positivo del sentimiento de culpa, el que consideran como algo indeseable. Demasiado sentimiento de culpabilidad es perjudicial, pero una cantidad adecuada del mismo es vital para la formación y el mantenimiento de una conciencia equilibrada. Una conciencia equilibrada y saludable, que mantiene el comportamiento del niño dentro de los límites naturales, es mucho mejor que el control por medio del miedo, y preferible al control insuficiente o nulo. ¿Qué crees que capacita a un adolescente feliz y bien ajustado para controlar su comportamiento? Su conciencia. Si quieres impedir que tu hijo desarrolle una conciencia normal y sensible que le haga capaz de *controlarse,* edifica tu relación con él sobre una base disciplinaria; controla tu comportamiento primordialmente por medio de los azotes y las regañinas, sobre todo lo primero.

Otra consecuencia trágica del castigo corporal se conoce como *identificación con el agresor,* y se trata también de un mecanismo para escapar de la culpa. Un niño se identifica con (se pone de parte de) el padre que lo castiga, llegando al punto de sentir que ser agresivo y castigador es bueno. Luego, naturalmente, ese niño se hace mayor, tiene hijos, y los trata como lo trataron a él. Esta es la razón por la que muchos abusan de sus hijos. El uso del castigo corporal (o la amenaza de hacerlo) como forma principal de tratar a un niño, pasa de una generación a otra; lo cual ya es bastante malo en sí. Con la alarmante llegada de la violencia a todos los medios de comunicación de masas —especialmente a la televisión— y las redes sociales, ¿es acaso extraño que el abuso de los niños y toda otra forma de brutalidad se hayan convertido en una deshonra nacional? Hasta que los padres empecemos a proclamar las necesidades indispensables que tiene el niño —a saber el amor incondicional y la disciplina amorosa—, la situación seguirá empeorando. Los que tenemos hijos, necesitamos levantarnos contra la avalancha de críticos exigentes que insisten en que el pegar a los niños (confundiendo el castigo con la disciplina) debería ser la manera primordial de relacionarnos con ellos. ¿Estás consciente de que algunos de dichos críticos no tienen hijos? Si no le damos al niño lo que necesita desesperadamente, este sufrirá.

Los desafío, queridos padres, a que consideren todas las estadísticas referentes hoy a los niños y adolescentes en nuestra nación: las académicas, las actitudinales, las del respeto a la autoridad, las de los desórdenes emocionales, las de la motivación, las de las drogas y las del crimen. La situación es horrible; y mantengo que la razón principal de nuestro dilema con la juventud actual es que nuestros hijos no se sienten amados, aceptados y cuidados de una manera auténtica. Con el estruendo ensordecedor de los disciplinarios (en realidad personas orientadas hacia el castigo) por un lado y de los promotores de programas vagos y difíciles de seguir por otro, los padres están confundidos.

El uso de programas diseñados —por ejemplo los basados en las técnicas de modificación del comportamiento— como manera *principal* de relacionarte con tu hijo, también es una equivocación. Al igual que el castigo, dichos programas tienen su lugar en la educación del niño y pueden ser muy útiles; pero *no como la forma esencial de relacionarse con este*. Algunos de tales programas son bastante buenos; sin embargo, por lo general, sus técnicas se utilizan en lugar del amor incondicional y de la disciplina amorosa (preparación). He aquí el error; estas técnicas diseñadas pueden ser de gran valor en ciertas ocasiones (que mencionaremos más tarde), pero los padres debemos asegurarnos primero de que el tanque emocional de nuestro hijo esté tan lleno como sea posible antes de recurrir al castigo o a dichas técnicas. En la mayoría de los casos, si un niño recibe su cantidad necesaria de amor incondicional y disciplina amorosa, pocas veces tienen los padres que recurrir al castigo o a los programas. Sí, el castigo y las técnicas son necesarios a veces, bastante útiles, y a menudo buenos; pero enfrentémoslo: no son lo mejor. Es mejor el amor y la guía apropiados.

Queremos tener la relación más positiva, agradable y amorosa posible con el niño; y, al mismo tiempo, que este desarrolle el dominio propio y actúe de la manera adecuada en la medida en que sea capaz (considerando su edad, desarrollo y otros). Con objeto de que ocurran estos dos acontecimientos inestimables, los padres deben darles a sus hijos dos cosas: En primer lugar, amor incondicional —y dárselo de la manera adecuada—; y, segundo, disciplina amorosa: es decir la preparación de la manera más positiva posible. La preparación, por todos los medios disponibles, de tal manera que se incremente el amor propio del niño y no se le degrade o se dañe el concepto que tiene de sí mismo. La guía positiva para conseguir el buen comportamiento es superior al castigo por un comportamiento deficiente.

Sin embargo, por bien que hagamos nuestro trabajo como padres, el niño siempre se portará mal algunas veces. Eso es inevitable: no existen padres perfectos, ni tampoco hijos intachables.

Así que, ¿cómo deberíamos manejar el mal comportamiento por parte de un niño? Lo consideraremos en el capítulo siguiente.

10

LA DISCIPLINA AMOROSA

Hasta ahora hemos examinado cómo transmitir el amor incondicional al niño mediante el uso apropiado del contacto visual, el contacto físico, la atención enfocada y la disciplina (o entrenamiento). Nos hemos dado cuenta de lo importante que es estar seguros de que mantengamos lleno el tanque emocional del chico, puesto que solo entonces puede este desarrollar todo su potencial; solamente así será capaz de alcanzar absoluto dominio propio y autodisciplina. En el capítulo nueve vimos que la guía para conseguir la acción adecuada es mejor que el castigo por el mal comportamiento; y lo terminamos señalando el hecho de que todos los niños se comportarán mal a veces. Consideremos ahora cómo tratar con la mala conducta.

A fin de comprender cómo lidiar con el mal comportamiento de un niño, hemos de entender primero la manera irracional en la que piensan todos los chiquillos. Este aspecto crucial se debe examinar con sumo cuidado. Todos los niños necesitan y quieren amor, y saben que requieren ambas cosas; pero la manera en que lo buscan es inmadura e irracional.

En primer lugar, consideremos una manera racional de obtener amor. Digamos por ejemplo, que un hombre llamado Jaime quiere a una mujer cuyo nombre es Carla. ¿Cómo sería probable que él consiguiera el amor de Carla? ¿Actuando de un modo inmaduro, siendo negligente, gimoteando, haciendo pucheros, siendo discutidor y exigente? Claro que no. Si Jaime fuera juicioso, se esforzaría al máximo, pondría en ello sus cinco sentidos, permanecería sereno, agradable, servicial, amable y considerado. Si no estuviera seguro de que Carla le quisiera, no recurriría al comportamiento inmaduro, más bien trataría de ganar el amor de su amada. Intentaría ser digno del mismo a los ojos de ella. Esta es la manera racional de obtener amor.

Sin embargo, amigos, esa no es la manera en la que lo hace el niño. Cuanto más pequeño es un chiquillo, menos madurez tiene. Es lógico, ¿no? Y cuanto menos maduro es, más irracionalmente actúa. El niño sabe por naturaleza cuán desesperadamente necesita el amor; pero no trata de merecérselo o ganárselo. Esa lógica está más allá de su entendimiento intrínseco. A la larga, puede aprender eso o no; pero él no nace con dicha capacidad.

¿Qué hace entonces el niño, en particular uno pequeño? Los chicos se comunican principalmente mediante su comportamiento; por lo que se la mantienen haciendo la pregunta: «¿Me amas?» o «¿Me quieres?» La manera en que contestemos a esa interrogación determina varias cosas: el amor propio del niño, sus actitudes, sus sentimientos, las relaciones con sus compañeros y muchas otras más. Si su tanque emocional está lleno, puedes verlo en su comportamiento; si se encuentra vacío lo notarás de la misma manera. Digámoslo de otro modo: la mayor parte del comportamiento de un niño es determinada por lo amado que se sienta.

En esto consiste la irracionalidad del chiquillo. En vez de ganar nuestro amor y cariño mediante el buen comportamiento, los niños, por instinto *prueban* constantemente dicho amor con su conducta. «¿Me aman?» Si respondemos a esa pregunta de suma importancia: «Sí, te queremos», ¡magnífico! La presión que le produce el buscar amor, termina; y su conducta se hace más fácil de controlar. Si un niño se siente amado, es impulsado por instinto a preguntar más intensamente «¿Me amas?», mediante su proceder. Puede que no nos agrade dicho comportamiento, porque solo hay un número limitado de formas en las cuales un niño puede actuar, y muchas de estas quizás sean inadecuadas para la ocasión. Es algo lógico que cuando alguien está lo bastante desesperado, su manera de comportarse puede llegar a ser inadecuada; y nada hace más impaciente a un niño que la falta de amor.

Esta es la primera causa de mal comportamiento en un niño. Cuando su tanque emocional está vacío, clama con sus acciones: «¿Me amas?»

¿Es justo, o sabio, por lo tanto demandar buena conducta del niño sin asegurarse primero de que se siente amado? ¿Sin llenar primeramente su tanque emocional?

¿Qué necesita este niño?

Déjame darte un ejemplo. Mi hija Carey, de dieciséis años, se fue a un campamento en época de verano; y su hermano, de nueve, quedó entonces como hijo mayor en la casa. Aquello le encantó. Durante ese tiempo actuó de un modo más maduro y buscó más responsabilidades. David disfrutó siendo el mayor; fue algo estupendo.

El problema era que poco después Carey volvería a casa. Pues bien, el día en que llegó, el comportamiento de David sufrió un retroceso. De repente se puso llorón, descontento, enfurruñado, enfadado en cierto modo, caprichoso y retraído.

¿Qué pasaba? ¿Por qué había ocurrido aquel cambio drástico y repentino en David? ¿Qué debía hacer yo como padre? ¿Castigarlo por su comportamiento inadecuado? ¿Mandar otra vez a Carey al campamento? ¿Decirle a David que su hermano de cinco años actuaba mejor que él? ¿Qué harías tú?

Bueno, déjame explicar lo que hice y por qué. Desde luego, a David le costaba trabajo aceptar que Carey hubiera vuelto a casa y fuera de nuevo la mayor. Eso es algo difícil para un niño de nueve años (esa era su edad entonces). Su comportamiento expresaba aquella pregunta suplicante: «¿Me aman? ¿Me quieren ahora que Carey ha vuelto a casa y ya no soy el mayor? ¿Cómo se puede comparar el amor que me tienen a mí con el que le tienen a Carey? ¿Es ella más importante? ¿Puede retirar de mí el amor de ustedes?» ¡Oh, cómo se conmueve el corazón de uno por los niños en ocasiones como esas!

Si lo hubiera castigado en aquel momento, ¿cómo pensaría David que estaba contestando a su pregunta? Tan pronto como pude, saqué al niño para estar con él a solas, lo sostuve cerca de mí y hablamos durante un rato. De vez en cuando le decía, en maneras que me entendiera, cuánto lo amaba. Hacía contacto visual y físico con él. A medida que su tanque emocional se llenaba, su ánimo cambió volviendo a su manera de ser feliz y sociable. Pasaron de quince a veinte minutos antes de que se fuera a jugar. David estaba contento y su comportamiento era bueno. Ese fue uno de esos momentos especiales de los que hablamos antes; y pienso que nunca olvidará aquel precioso rato que pasamos juntos, ni yo tampoco.

Por favor, no pienses que soy un padre perfecto; no es cierto. He cometido muchos errores, pero esa fue una situación que me parece que manejé como se debía. Todo esto nos lleva a entender que cuando nuestro hijo se porta mal, debemos preguntarnos: «¿Qué necesita este niño?»

La tendencia de los padres es a interrogarse: «¿Qué puedo hacer para corregir el comportamiento de este niño?» Por desdicha, esta pregunta nos lleva primeramente al castigo. Por lo tanto, es difícil considerar la necesidad real del hijo, y puede que terminemos dándole unos azotes o mandándole a su habitación. El niño no se sentirá amado si enfocamos de esta manera el trato de su mal comportamiento.

Siempre deberíamos empezar preguntándonos: «¿Qué necesita este niño?»; luego, a partir de eso podemos proceder de una manera *lógica*. Solo entonces podemos ocuparnos de su mal comportamiento, darle lo que necesita *y* permitir que se sienta auténticamente amado.

El siguiente paso es hacernos la pregunta: «¿Necesita el niño contacto visual? ¿Precisa de contacto físico? ¿Tiene necesidad de atención enfocada?» En resumen: ¿Necesita que se llene su tanque emocional? Los padres hemos de asegurarnos de satisfacer esas necesidades, si el mal comportamiento del niño es de algún modo causado por alguna de ellas. Como padres, no deberíamos seguir corrigiendo la conducta de nuestro hijo hasta que hayamos satisfecho sus necesidades emocionales.

Esto me trae a la memoria una situación por la que pasamos con Dale, nuestro hijo de cinco años. Yo había estado fuera de la ciudad unos días y acababa de volver a casa. Nuestro hijo Dale estaba actuando de una manera que me irritaba (a mí y a todos los demás). Hacía todo tipo de travesuras ideadas para exasperar al resto de la familia; especialmente a su hermano David, de nueve años. Como puedes comprender, Dale sabe exactamente lo que debe hacer o decir para poner a David con los nervios de punta y, desde luego, David es capaz de hacer otro tanto con él. De hecho, uno de los primeros indicios que mi querida esposa y yo tenemos de que un tanque emocional necesita ser llenado, es cuando un hijo molesta a otro.

De cualquier modo, aquel día en particular, Dale estaba especialmente irritante: pellizcaba a su hermano, hacía pucheros y exigía cosas irrazonables. Desde luego, mi primera reacción fue ajustar cuentas con él. Quizás debí mandarlo a su habitación, a la cama o bien zurrarlo. Sin embargo, me puse a pensar: «¿Qué es lo que necesita?» La respuesta me llegó al instante. Yo había estado fuera, el niño no me había visto por tres días, y realmente no le había prestado mucha atención (ninguna atención enfocada). No era extraño que él me estuviera haciendo la antigua pregunta: «¿Me quieres?» Lo que Dale me estaba preguntando en efecto, era: «¿Me amas todavía, después de haber estado fuera tanto tiempo y actuado como si ello no me afectara?» De repente, su comportamiento se hacía lógico. Mi hijo urgía desesperadamente a su papá y este no le estaba dando lo que necesitaba. De haber hecho cualquier otra cosa que no fuera darle aquello que requería —yo mismo—, su comportamiento se habría hecho peor (si, incluso si le hubiera dado azotes). Se habría sentido profundamente herido, habría estado resentido y yo hubiera perdido la oportunidad de darle uno de esos momentos especiales.

No puedo expresar lo agradecido que estoy de no haber hecho lo incorrecto en aquella ocasión. Me llevé a Dale a nuestro dormitorio, lo tuve cerca de mí y no dije nada. Ese jovencito normalmente activo se mantenía muy quieto y apoyándose contra mí. Lo único que hacía era estar allí sentado absorbiendo aquel alimento intangible. Poco a poco, a medida que su tanque se llenaba, fue volviendo a la vida; y empezó a hablar en su manera confiada, plácida y espontáneamente feliz. Después de una breve conversación acerca de mi viaje, saltó de la cama y salió corriendo. ¿Hacia dónde? Desde luego a buscar a su hermano. Cuando fui a la salita, jugaban juntos tranquilamente.

De modo que podemos ver lo vital que es preguntarnos siempre: «¿Qué necesita este niño?» Si no lo hacemos, lo más probable es que nos precipitemos a encarar de un modo impropio el comportamiento inadecuado; que perdamos oportunidades de tener con nuestro hijo esos momentos especiales extremadamente importantes; y le castiguemos en ocasiones en las que se sentirá herido de tal manera que ello le producirá ira y resentimiento.

Queridos padres, si pasan por alto esto, habrán malgastado su tiempo al leer este libro. El mal comportamiento no se debe tolerar, pero si se lidia con él de una manera indebida —es decir, demasiado dura o demasiado permisiva—, tendremos problemas con el niño. Sí, hemos de frenar la conducta impropia. No *debemos* permitir el mal proceder. Pero el primer paso *no* es el castigo. El castigo es necesario a veces; sin embargo, a causa de los efectos negativos que produce su excesivo empleo, este se debería utilizar *solamente como último recurso*. Es muchísimo mejor tratar el mal comportamiento de una manera positiva —en particular con amor genuino y cariño—, que castigar a un niño (principalmente con el castigo corporal). Así que el primer paso en cualquier situación es asegurarse de que las necesidades emocionales de un niño estén satisfechas. *Su tanque emocional debe estar lleno, antes de que los padres solícitos puedan emprender cualquier otra acción.*

¿Existe algún problema físico?

La segunda pregunta que debemos hacernos al enfrentarnos con un mal comportamiento, es: «¿Existe algún problema físico que esté provocando esta conducta?» Cuanto más pequeño sea el chico, más afectado estará su comportamiento por las necesidades físicas. ¿Tiene hambre mi hijo? ¿Está cansado? ¿Se encuentra enfermo? ¿Se está poniendo mal, acatarrándose quizás o sintiendo una gripe? ¿Tiene algún dolor u otra molestia?

Esto no significa que el mal comportamiento se debe tolerar si existe tal razón física (según mi opinión, la conducta inadecuada no ha de permitirse nunca); sino que los padres debemos estar seguros de que nos estemos ocupando tanto del mal proceder en sí como de aquello que lo *cause*. Indudablemente, es mejor corregir esta mala conducta dándole al niño lo que necesita —contacto visual, contacto físico, atención enfocada, agua, comida, una siesta, alivio del dolor o tratamiento para la enfermedad—, que castigándole. Puede que dicho castigo sea apropiado, pero primero debemos estar seguros de que el niño tiene satisfechas todas sus necesidades físicas y emocionales.

¿Cómo podemos saber cuándo el castigo es apropiado y cuándo destructivo? Excelente pregunta. Esto nos lleva al paso siguiente en nuestra manera lógica de tratar el mal comportamiento.

Aprende a perdonar

De acuerdo a mi experiencia, la ocasión en la que resulta más destructivo castigar a un niño por portarse mal, es cuando este se siente *auténticamente* apenado por lo que ha hecho. La palabra clave aquí es auténticamente. Si un niño está compungido de una manera genuina por una mala acción, el castigo (sobre todo el corporal) será perjudicial. El daño podría suceder principalmente de dos formas.

En primer lugar, si el niño se encuentra ya apenado por su acción indebida, su conciencia está viva y bien. ¡Eso es lo que uno quiere! Ha aprendido de su error. Una conciencia buena y saludable es el mejor freno para que no se repita ese mal comportamiento. El castigo —principalmente el corporal— quita el sentimiento de culpa y el remordimiento, y aumenta la posibilidad de que el niño olvide esa inquietud que producen dichos sentimientos y repita el comportamiento inadecuado.

Segundo, castigar al niño en tales circunstancias podría producir sentimientos de ira. Cuando un chiquillo se siente ya auténticamente contrito y arrepentido por su acción, su conciencia está tratando severamente con él. Se está castigando a sí mismo. Necesita y está buscando consuelo y seguridad de que, aun cuando lo que hizo fue malo, es un buen hijo. En un momento así, precisa desesperadamente de esa seguridad; así es que, si cometes la equivocación de darle azotes en una ocasión cuando dolorosamente necesita cariño, quedará profundamente herido. En tales circunstancias, el niño sentirá entonces que es una persona mala y que ustedes, los padres, también creen eso. El resultado son sentimientos de ira, dolor, resentimiento y, a menudo, de amargura; los cuales el hijo llevará consigo indefinidamente.

¿Qué deberían hacer los padres cuando su hijo comete una acción mala y está verdaderamente apenado y arrepentido por ello? La Escritura es una ayuda valiosa en este punto. ¿Qué hace nuestro Padre celestial cuando obramos mal y estamos afligidos por nuestro pecado? Nos perdona. Considera lo que escribió el salmista: «Tan compasivo es el Señor con los que le temen como lo es un padre con sus hijos» (Salmos 103:13). Tratándonos nuestro Padre celestial con tanta ternura, compasión y perdón en tales circunstancias, ¿cómo podemos castigar a *nuestros* hijos en un caso así?

El apóstol Pablo advirtió acerca de este error, al escribir: «Y ustedes, padres, no hagan enojar a sus hijos, sino críenlos según la disciplina e instrucción del Señor» (Efesios 6:4). Personalmente no conozco una manera más segura de provocar a un niño a la ira, al resentimiento y a la amargura que castigándole (sobre todo de un modo físico) cuando está genuinamente apenado por su comportamiento. En esas ocasiones tenemos que aprender a perdonar.

Otra razón por la que es esencial perdonar a un niño en tales circunstancias, es porque debe aprender a sentirse perdonado durante la infancia, o tendrá problemas con el sentimiento de culpabilidad. Considera cuánta gente (incluidos cristianos) está abrumada por la culpa, porque nunca han aprendido a sentirse perdonados. Esas pobres personas pueden en realidad estar verdaderamente perdonadas por Dios y por otros; pero aún *sienten* la culpabilidad a pesar de saber que así es. Podemos ahorrarle al niño problemas indecibles con el sentimiento de culpa, si le enseñamos cómo tratar con este; a saber, mediante el sentimiento del perdón. Y eso podemos hacerlo perdonándolo cuando esté verdaderamente apenado por su mala conducta.

Una ventana rota

Recuerdo una experiencia que tuve con respecto a esto. Pero, de nuevo, recuerda por favor: el hecho de que esté escogiendo un ejemplo de cierta ocasión cuando hice algo bien, no quiere decir que sea un padre perfecto; solo que hay ventajas en ser escritor y en poder seleccionar un ejemplo para ilustrar un determinado punto.

Hace poco, volvía a casa después de un día largo y difícil en el cual hubo varias cosas malas. Estaba exhausto e indudablemente no me sentía en mi mejor momento. Tan pronto como salí del coche, mi hijo de nueve años corrió hacia mí. Por lo general, David tiene una gran sonrisa en el rostro y salta para darme un fuerte abrazo de oso. Aquella vez fue diferente. Tenía la cara muy larga y afligida. Me miró con gran tristeza a través de sus hermosos ojos azules, y expresó:

—Papá, tengo algo que decirte.

A causa de mi estado de ánimo, no sentía que pudiera tratar muy bien un problema serio entonces; así que le respondí:

—Hablemos de ello más tarde, ¿está bien, David?

El niño me miró de un modo muy resuelto, y replicó:

—¿No podemos hacerlo ahora, papá?

Precisamente entonces, extendí el brazo para abrir la puerta de la parte trasera de la casa y me di cuenta de que una de las ventanas estaba rota. De algún modo, deduje lo que había en la mente de David.

Ya que estaba en un estado de ánimo irritable, decidí que seguramente haría mejor en tratar aquel asunto después de haber descansado. Pero David me había seguido hasta mi habitación, y me suplicaba:

—Por favor, vamos a hablar ahora de eso, papá.

Con aquella mirada de ruego que había en su cara, ¿qué podía decir yo? Entonces proferí:

—Está bien, David, ¿de qué quieres hablar? (como si no lo supiera).

David me contó que él y sus amigos estaban jugando béisbol cerca de la casa y una pelota que voló con fuerza se desvió y le había pegado a la ventana y la había roto. Él sabía que había hecho mal y estaba evidentemente apenado por ello. Con su comportamiento, me estaba preguntando: «¿Me amas todavía a pesar de lo que he hecho?»

Así que puse al niño sobre mis rodillas y lo sostuve por un momentito; luego le dije:

—Comprendo, hijo. Eso es algo que puede pasar fácilmente, podemos arreglar la ventana. Solo juega más lejos de la casa. ¿Te parece?

Aquel fue un momento especial. David se alivió al instante, lloró un momento y descansó sencillamente en mis brazos por un rato. Podía sentir verdaderamente el amor que fluía del corazón de mi hijo. Esta resultó ser una de las ocasiones más maravillosas de mi vida. Al poco tiempo, David estaba tan feliz y radiante como siempre. Se levantó de un salto y se fue.

¡He aprendido mucho de ese tipo de experiencias! Aquella fue una de esas oportunidades que no se presenta todos los días. Un niño no siempre se siente genuinamente apenado por su conducta indebida; así que debemos buscar constantemente ese tipo de ocasiones, para hacer en realidad lo que decimos que hemos de hacer. Esas veces, podemos transmitirle al niño que, aun cuando no nos agrade su mala conducta, le amamos a pesar de todo, le amamos incondicionalmente.

Cuando al niño se le perdona su mala conducta, eso no significa que no deba asumir responsabilidad por las consecuencias de la misma. Se le puede indicar que haga restitución. En ese caso en que David rompió la ventana, quizás hubiera sido constructivo hacerle pagar de una manera apropiada por el cristal roto: como por ejemplo con trabajo. Pero, otra vez, debemos asegurarnos de que esta exigencia sea cónsona con la edad del niño, su nivel de desarrollo y su habilidad para realizarla.

No debemos dejarnos manipular. Estoy seguro de que has oído a algún niño decir: «Lo siento», cuando no es así. Es bastante frecuente que el chiquillo diga: «Perdona», cuando piensa que se le va a castigar. Desde luego, eso no es estar apenado o arrepentido de un modo genuino, tenemos que ser capaces de distinguir la diferencia.

Por fortuna, pocas veces es difícil captar si el chico está realmente apenado o no; y la indicación más obvia de que está manipulándonos de esa manera es la forma en que repite su mal comportamiento. Si David hubiera seguido jugando béisbol cerca de la casa después de aquel incidente, yo podría sacar la conclusión de que había sido manipulado, por lo que tenido que tomar otras medidas.

En lo particular, me preocuparía bastante si el niño intentara muy a menudo manipular a sus padres de esa forma. Ello podría indicar que el sentido del bien y del mal en el pequeño se está desarrollando de una manera indebida. Con decir «Lo siento», simplemente para evadir el castigo, podría estar aprendiendo a usar afirmaciones falsas.

Este comportamiento particular es un buen ejemplo de lo que daría como resultado el no dar prioridad a lo primero. Cuando los padres se relacionan con sus hijos usando primordialmente el castigo para controlar el comportamiento de estos, en vez de satisfacer en primer lugar sus necesidades emocionales, los niños desarrollarán todo tipo de tretas para escapar del castigo. Uno de esos trucos es: «Lo siento», cuando los padres se ponen furiosos o enfadados por el comportamiento de un hijo.

Esta es una situación peligrosa. El niño está entonces aprendiendo a ser insincero, deshonesto, astuto, manipulador e insensible. Sin embargo, hay un elemento que trata este error desde su raíz e invierte la tendencia: el amor incondicional.

En una situación así, el buen juicio de los padres es esencial. Estos se hallan en la mejor posición para discernir si el niño está siendo veraz y sincero. Si el hijo es un inveterado manipulador y mentiroso, habrá problemas, por lo que se debe buscar ayuda.

Sin embargo, cualquier chico puede hacer esto una que otra vez; del mismo modo que ocasionalmente experimentará un dolor y un sentimiento de culpa verdaderos por su mal comportamiento. Los padres sabios y cuidadosos se darán cuenta de la diferencia que hay, la distinguirán y lidiarán con cada situación de la manera apropiada.

En resumen, perdona al niño cuando esté auténticamente apenado, compungido y arrepentido en relación a su mala conducta. Esas oportunidades infrecuentes son invalorables y hacen entender a tu hijo, más allá de toda duda, que lo comprendes, te preocupas auténticamente por él y lo amas profundamente, a pesar de cualquier otra cosa. Esto es amor incondicional.

11

LA DISCIPLINA: PETICIONES, ÓRDENES, RECOMPENSAS Y CASTIGO

Lo que hemos considerado hasta ahora son los aspectos más importantes y cruciales de la educación de los niños. Si estos principios se aplican de la manera debida, la mayoría de los problemas en cuanto a educar a los hijos se mitigarán o evitarán. Satisfacer las necesidades emocionales del niño y aplicar la disciplina amorosa inculcará unos lazos de amor saludables, fuertes y positivos entre padres e hijos. Cuando ocurre cualquier problema con un niño, los padres deben volver a examinar las necesidades de este y satisfacerlas antes de hacer cualquier otra cosa.

Por favor, recuerda el material expuesto en los capítulos precedentes, porque —con mucha sinceridad lo digo— voy a entrar en la parte de la disciplina que detesto que se publique. ¿Por qué? Porque hay muchos padres que leen un libro como este para entresacar solo lo que necesitan para justificar sus nociones preconcebidas acerca de la educación del niño. Me temo que habrá aquellos que aplicarán solamente esta sección del libro y pasarán por alto completamente el hecho de que el castigo se debe utilizar únicamente como último recurso.

Espero que no sean ustedes tales padres; y que apliquen los diez primeros capítulos antes de poner en práctica este. Por favor, ama a tu hijo incondicionalmente, haz contacto visual y físico con él, y dale una atención enfocada superabundante. Te ruego que te cuides de no amar a tu niño con amor posesivo, seductivo, vicario o del tipo que invierte los papeles. Ten la bondad de disciplinar (entrenar) a tu hijo en formas *positivas* como brindarle dirección, ejemplo, establecer pautas e instrucciones. Cuando tu hijo se porte mal, pregúntate si necesita contacto visual, contacto físico, atención enfocada, descanso o agua; y satisface primero su necesidad. Cuando esté apenado, compungido y arrepentido por su mal comportamiento, por favor, perdónalo y hazle saber que ha sido perdonado.

Querido padre, si estás haciendo diligentemente lo que hemos mencionado —y otros factores como el matrimonio son satisfactorios—, las cosas deberían estar avanzando bastante bien con tu hijo. Si eso es así, tu niño debería sentirse feliz, tener interés, portarse bien, hacer lo que le pides que haga (de acuerdo con su edad y grado de desarrollo) sin demasiada dificultad. No estoy diciendo que todo tendría que ser *perfecto;* pero deberías sentirte satisfecho con tu hijo, la relación que tienes con él y su modo de progresar.

Estoy diciendo todo esto ahora, porque es un error trágico esperar que el castigo *por sí solo* provea otra cosa que no sean resultados negativos.

Dicho castigo, sin un fundamento firme de amor incondicional y de disciplina amorosa (entrenamiento) no puede producir sino una relación defectuosa entre padres e hijos. Hoy, desafortunadamente, ese es un tipo de educación infantil muy corriente y una de las razones por las que en la actualidad tienen, por lo general, problemas sin precedentes en todas las áreas: desde la académica hasta la de las crisis de la personalidad.

Peticiones

El comportamiento adecuado de un niño comienza primeramente pidiéndolo. Esa es la manera más positiva de lograr una buena conducta. Pero, lo que es aun más importante, una petición como esta inculca un sentido de responsabilidad personal en el niño. El niño siente que el comportamiento adecuado es tanto algo por lo cual sus padres son responsables de velar, como él de proveer. Los niños saben instintivamente que pueden escoger en cuanto a cómo actuar. Cuando los padres *piden* un buen comportamiento, el hijo sabe que ellos comprenden que él es capaz de pensar y hacer sus propias decisiones, que tiene control de su conducta y que debe aprender a hacerse responsable de la misma. Cuando las peticiones se emplean más que las órdenes —y en el mayor grado posible—, el niño considerará a sus padres como aliados que le ayudan a moldear su propio comportamiento. Eso es muy importante.

Si para requerir el buen comportamiento, se utilizan principalmente órdenes, el niño, puede que sea obediente y se porte del modo apropiado; pero tendrá la tendencia a actuar de la manera debida solo porque mamá y papá lo dicen, no porque el comportamiento apropiado sea mejor para él. No verá que sus padres tienen una alianza con él principalmente en aras de su mejor interés; sino que pensará que exigen el buen comportamiento por amor al orden, a la tranquilidad y a su propia aceptación social, o de hecho por sus propios intereses.

Es crucial que comprendamos que hacer peticiones es una manera muy efectiva de dar instrucciones; y que ello no nos hace permisivos o menos firmes. El pedir las cosas es, sencillamente, una manera más atenta, agradable y considerada de decirle a un chico lo que debe hacer; esto es cierto en especial cuando uno quiere que su hijo disfrute haciendo algo sin resentirlo.

Por ejemplo, en cierta ocasión en que me estaba bañando, me di cuenta de que no había toallas en el cuarto de baño. Como mi hijo de cinco años pasaba cerca en ese momento, aproveché la oportunidad y le dije: «Dale, ¿harías el favor de bajar y traerle una toalla a papá?» El niño estuvo muy contento de hacerlo y volvió con la toalla en un santiamén.

He aquí otro ejemplo: El maestro de la clase de escuela dominical de mi hijo de nueve años, enfrentaba problemas con el comportamiento alborotador de los chicos. Yo podía escoger entre ser autoritario y exigir a David que «se comportara», o discutir el problema con él, aclarar los hechos y luego pedir su cooperación. Me incliné por esto último y acabé la conversación con: «Quiero que prestes atención al maestro, tomes parte en las discusiones y aprendas todo lo que puedas. ¿Lo harás, David?» Hasta ahora todo va bien.

Instrucción directa

Sin embargo, hemos de enfrentarnos al hecho de que las peticiones no siempre son suficientes. A veces los padres deben ser más enérgicos y dar instrucciones directas (órdenes). Esto sucede por lo general cuando se le hace una petición a un niño y este no la cumple. Antes de hacer otra cosa, los padres deben asegurarse de que su petición era apropiada, indicada para la edad del niño, su comprensión y su habilidad para llevarla a cabo. El error más frecuente en cuanto a esto es pedirle al niño que haga algo que parece estar dentro de su capacidad y en realidad no lo está. Un ejemplo clásico de ello es requerir que un niño de cuatro años recoja solo sus cosas. A menos que haya solamente dos o tres objetos que guardar, esta petición es irrazonable. El padre debe hacer el trabajo *con* su hijo. Con frecuencia, el padre o la madre creen erróneamente que una tarea como esa es apropiada, por lo que se enfadan cuando el hijo se niega a hacerla o fracasa, y lo castigan en vez de ayudarlo a realizar el trabajo.

Otro valor real en cuanto a usar peticiones siempre que sea posible es que ayudan a uno a determinar cuándo una tarea es razonable y cuándo no. Tú conoces a tu hijo mejor que nadie. Si en innumerables oportunidades anteriores este hacía muy gustosamente cierto trabajo cuando se le pedía, pero en una ocasión, de repente, se niega a hacerlo, es perjudicial ponerse furioso y castigarle. Evidentemente, ya que no ha tenido problemas con esa petición en el pasado, *hay algo que va mal ahora.* ¿Quieres saber lo que es? Yo indudablemente querría. Me esforzaría lo más posible para encontrar la causa; porque podría ser extremadamente importante. Con toda seguridad preferiría ocuparme del problema y conseguir que mi hijo procediera a hacer el trabajo con gusto, que obligarlo a hacerlo antes de comprender la situación. Si mi hijo tuviera una razón legítima para comportarse así, entonces debería ser yo quien fuera castigado por forzarle a ejecutar la tarea.

Como padre, soy responsable de velar por el buen comportamiento de mi hijo, y tengo la autoridad para hacerlo; pero también soy responsable del bienestar total del niño. Soy responsable en cuanto a vigilar para que no sea dañado por el mal uso de mi poder y autoridad sobre él. Su felicidad y su bienestar futuros dependen en gran manera de cómo utilice con él mi autoridad paterna.

Al llegar aquí, quisiera presentar un consejo muy importante. Cuanto más usan los padres técnicas autoritarias —como las órdenes, las represiones, los sermones o los gritos—, tanto menos efectivas llegan a ser estas. Es como el chico que gritaba: «¡Viene el lobo!», tantas veces que la advertencia perdió su efecto. Si los padres utilizan normalmente peticiones agradables, el uso ocasional de órdenes directas será bastante eficaz. Cuanto más empleen maneras autoritarias para decirle al niño lo que debe hacer, menos respuesta obtendrán. Ello es cierto sobre todo, si también están airados, hostiles o histéricos al hacer tal cosa.

Por ejemplo: ¿Has estado en una casa donde el grado de tensión es alto? En hogares así, los padres han utilizado esencialmente toda su autoridad y fuerza de reserva, únicamente para disciplinar (entrenar) a sus niños en la rutina: en los acontecimientos diarios. Cuando se necesitan la energía y la autoridad reales para situaciones extraordinarias y verdaderamente importantes, esos pobres padres no tienen nada en reserva. Los hijos responden entonces a los deseos de sus padres como siempre; y, por ejemplo, no son más sensibles a las situaciones de emergencia que a los asuntos tan corrientes como el atar el cordón de un zapato.

Padres, debemos reservar las grandes salvas para las situaciones especiales y tener munición reservada para tratar con las circunstancias críticas. Es importante mantener el trato agradable con el niño mediante las peticiones consideradas y razonables todo el tiempo que sea posible.

Una vez, cometí la equivocación de utilizar una orden enérgica cuando hubiera bastado una simple petición. Los dos chicos y yo nos encontrábamos en casa, y yo quería que esta estuviera limpia antes de que mi esposa, Pat, volviera al hogar de una conferencia de fin de semana. Empecé muy bien; y les pedí a los chicos que comenzaran a limpiar bien su cuarto mientras yo arreglaba las camas. Cuando volví pocos minutos después, estaban ocupados en su faena; pero noté que habían tirado algunas ropas en el suelo del armario en vez de colgarlas. David y Dale, por lo general, son obedientes y chicos fáciles de manejar; de modo que una frase breve de explicación con una simple petición hubiera bastado. Pero estaba en cierta manera molesto y reaccioné exageradamente; gritando algunas órdenes para que colgaran la ropa que estaba «en el medio». ¿Ves el error que cometí? No debí haber usado tanta energía cuando una sencilla explicación y una petición hubieran sido suficientes.

Debería haber reservado esa energía para un momento en que necesitara verdaderamente una respuesta rápida en circunstancias difíciles. Por ejemplo: Un domingo, después de dejar el coche en el estacionamiento de la iglesia, Dale estaba alrededor de nuestro automóvil cuando salía otro coche. Era una situación peligrosa, por lo que le grité que corriera hacia mí. Gracias a Dios que comprendió la urgencia que había en mi voz y reaccionó de inmediato. Si hubiera tenido la costumbre de gritarle, sé que hubiera respondido en un modo rutinario.

Otro ejemplo ocurrió cuando mi hijo de nueve años, David, y yo, estábamos jugando baloncesto con varios amigos. Todos nos entusiasmamos porque era muy divertido y estuvimos jugando demasiado tiempo. Como consecuencia nos encontrábamos extremadamente cansados. Entonces, David cayó al suelo al chocar alguien contra él. Se hizo un ligero daño en el tobillo; pero ese dolor fue demasiado para un chico tan pequeño y cansado como él en aquel momento concreto.

Así que se enfureció con el que lo había estropeado y empezó a hablarle de forma inadecuada. Yo consideré aquello como un comportamiento impropio por parte de David, pero también como una buena experiencia de enseñanza para él.

En primer lugar, me hallaba convencido de que el tanque emocional de David estaba lleno; había recibido mucho cariño, mucho contacto visual, mucho contacto físico y mucha atención enfocada aquel fin de semana. Segundo, le hice una petición. Pedí a mi hijo que fuera conmigo a un lugar donde pudiera hablarle. El niño estaba demasiado enfadado para responder. Entonces era cuando necesitaba bastante fuerza para controlarlo. El siguiente nivel de uso de fuerza es dar una instrucción directa (una orden). Por consiguiente, le dije en tono firme: «David, ven conmigo». Reaccionó inmediatamente. Cuando estuvimos solos, y se hubo calmado, hablamos acerca de cuando uno se pone tan airado que pierde el control de su comportamiento y de cómo prevenir que eso pase. Fue una ocasión muy provechosa para David ya que aprendió mucho acerca del dominio propio sobre la ira indebida.

Supón que David, simplemente, no hubiera respondido como yo quería y no se hubiera calmado o llegado a controlar su enfado después que le ordené hacerlo. El paso siguiente habría sido llevarlo hasta un lugar donde pudiera estar a solas. De no haber podido conseguir que hiciera aquello mediante instrucciones verbales, entonces hubiera tenido que pasar al grado siguiente de actuación enérgica: el uso de la fuerza física. Pero aun siendo ese el caso, yo habría utilizado el método menos duro. Le tomaría de la mano —quizás poniéndole un brazo alrededor de sus hombros—, y lo llevaría a un lugar tranquilo. De lo que se trata es de controlar el comportamiento del niño en la manera más tierna, más considerada y más amorosa posible.

La actitud desafiante

Es del todo posible que David hubiera permanecido insensible a cualquier acercamiento verbal y se hubiera negado a hacer lo que yo quería que hiciera en aquella situación. A esto se le podría llamar *actitud desafiante*.

La actitud desafiante es sencillamente resistir y retar de manera espontánea a la autoridad —la de los padres—; es negarse tercamente a obedecer. Como es natural, la actitud desafiante —al igual que cualquier otro mal comportamiento— no sé puede permitir. En tales ocasiones, el castigo es a menudo algo indicado; y las mismas ocurren a veces hagamos lo que hagamos. Sin embargo, los padres deben intentar evitar esos encuentros desagradables, no complaciendo los caprichos y deseos irrazonables del niño; sino volviendo a examinar constantemente sus propias expectativas en cuanto a su hijo, asegurándose de que estas sean razonables, consideradas y estén de acuerdo con la edad del niño, su nivel de desarrollo y su capacidad de respuesta. Sí, las veces cuando el castigo es necesario, vendrán; pero si los padres castigan a su hijo frecuentemente, mejor harían en reexaminar sus relaciones con el niño y lo que esperan de él.

El hecho de que el chico asuma una conducta desafiante no significa automáticamente que el castigo sea lo indicado. De hecho, este en el momento equivocado puede empeorar la situación en gran medida. El castigo, sobre todo aplicado a menudo en el momento equivocado, puede dañar permanentemente la relación de los padres con el niño. Por ejemplo, si la mala conducta es de naturaleza pasivo-agresiva, el castigo puede hacer que el chico use ese comportamiento particular en mayor medida como un medio para molestar a los padres. El comportamiento del niño empeora cuando es castigado repetidamente por ello. Así que, por favor, vuelve a leer el capítulo ocho, "La ira del niño", si no tienes esto claro. Aplicar incorrectamente el castigo, sobre todo el corporal, en esos momentos puede atrapar rápidamente al padre en la trampa del castigo, en la que el comportamiento del niño empeora en la misma medida del castigo.

El padre que es sabio puede evitar la trampa del castigo usando ese recurso correctivo en última instancia. Un padre amoroso puede usar medios agradables para controlar el comportamiento del niño, primero con peticiones amables, explicaciones y una tierna y disimulada «manipulación física». A continuación, el padre puede usar las órdenes en un tono de voz agradable. Si no tiene éxito, puede emplear una silla en la que el chico se siente un rato razonablemente extenso para calmarse y entrar en razón. Estas medidas deberían ser efectivas la gran mayoría del tiempo. Sin embargo, a veces el niño sigue con su actitud desafiante. Si el padre ha intentado diligente y gratamente las ya mencionadas formas para controlar el comportamiento del niño sin buenos resultados, entonces puede asumir que el comportamiento no es pasivo-agresivo por naturaleza, que la trampa del castigo se ha evitado y que, por lo tanto, hay que considerar la opción del castigo.

Supón que el niño adopta evidentemente una actitud desafiante y que su comportamiento no responde a un tanque emocional lleno, ni tampoco a las peticiones o a las instrucciones firmes (órdenes) que se le han dado, sino que sigue en dicha actitud (déjame decir de nuevo que esta situación es bastante rara; y cuando ocurre, asegúrate de que hayas tratado cualquier otra cosa antes de considerar el castigo). El niño debe ser castigado, pero ¿cómo?

El castigo apropiado

Pocas veces es fácil determinar cuál es el castigo apropiado. Sin embargo, se debe adaptar a la ofensa. El niño es sensiblemente consciente de la justicia y la congruencia, por lo que sabe cuándo sus padres reaccionan excesivamente o han sido demasiado duros con él; así como cuando estos han sido demasiado permisivos en cuanto al comportamiento inadecuado. El chiquillo detecta la incongruencia, ya sea en relación a él solo, o en comparación con otros niños, en particular con sus hermanos. Esta es la razón por la cual los padres deben ser firmes con sus hijos; demandando siempre un comportamiento apropiado y sin temer amarle y disciplinarle simultáneamente. Los padres deben ser flexibles, sobre todo en relación al castigo.

La flexibilidad es necesaria por varias razones: En primer lugar, porque los padres cometen errores. Si piensas que los padres no deberían hacer cambios en cuanto a sus acciones disciplinarias una vez tomada cierta decisión, te vas a acorralar en un rincón. *Pues claro* que los padres pueden cambiar de opinión, y disminuir o aumentar un castigo. (Recuerda que esa es una desventaja del castigo corporal; y que este, una vez aplicado, no se puede cambiar.)

Lo natural es que los padres no deseen cambiar de opinión tan a menudo que se vean flojos y confundan al niño. Quiero decir, por ejemplo, que si se establece un castigo —digamos el que el hijo esté encerrado una hora en su dormitorio—, y más tarde los padres descubren hechos atenuantes que muestran que dicho castigo es demasiado duro, es lógico y apropiado explicárselo al niño y modificar la sanción. Si el niño ya ha sido castigado o por alguna otra razón ha sufrido un correctivo inadecuado, es algo perfectamente normal que sus padres le pidan perdón e intenten arreglar la situación.

Los padres deben ser flexibles para cambiar su manera de tratar al niño cuando sea indicado; y también con objeto de poder pedirle perdón. La necesidad de cambiar decisiones de vez en cuando y la de disculparse surge en todos los hogares.

El ser flexible para cambiar de un modo apropiado nuestra manera de manejar la disciplina y ser firmes, son dos cosas diferentes. Ambas son esenciales. La firmeza incluye ante todo qué es lo que esperamos con respecto a un niño y su respuesta a las peticiones. Si nuestras expectativas son demasiado rígidas (por ejemplo, que un niño de dos años responda de un modo congruente la primera vez que le pedimos algo), estamos siendo irrazonables. Un niño normal de dos años, tenderá naturalmente a lo negativo la mayor parte del tiempo, por lo que parecerá bastante desobediente y desafiante. Pero esa es una etapa normal del desarrollo; llamémoslo «negativismo de los dos años». El castigo es injustificado en este caso. Desde luego, los padres amorosos de un niño de dos años han de ser firmes: pero firmes *en cuanto a establecer límites,* no en castigar. Tales padres deben controlar el comportamiento del niño manejando a este físicamente; por ejemplo levantándole, dándole la vuelta, guiándole o colocándole en el lugar debido o en la posición correcta.

Este «negativismo de los dos años» es crucial para un desarrollo normal del niño y se trata de una de las maneras que teníamos cada uno de nosotros para separarnos sicológicamente de nuestros padres. Esto puede parecer una actitud desafiante, pero es algo claramente diferente. Una diferencia entre el negativismo de los dos años y la actitud desafiante es la beligerancia. El negativismo de los dos años es algo normal y no se debería castigar; por otro lado, la actitud de desafío beligerante no se puede tolerar, sino que ha de encarársela. De paso, el «negativismo de los dos años» puede ocurrir en cualquier edad del niño.

A medida que un niño va haciéndose mayorcito, su habilidad para responder a las peticiones verbales aumenta, de modo que cuando ya tiene cuatro años y medio (esto varía de un niño a otro), los padres pueden exigir que reaccione la primera vez que se le pide una cosa. Yo exijo absolutamente que mis hijos reaccionen a la primera; y si no lo hacen, saben que se tomarán medidas. Desde luego, han de ser libres para hacer una declaración apropiada respecto a la petición, si tienen alguna pregunta acerca de la misma. Pero a menos que yo cambie dicha instancia, saben que deben cumplirla.

¡Qué importante es recordar que ser firme no implica ser desagradable! Debemos ser firmes en lo que demandamos y en su imposición; pero seremos igual de eficaces haciéndolo de un modo agradable. La firmeza amorosa no requiere de nosotros que nos airemos, gritemos, seamos autoritarios o nos comportemos de ninguna otra manera antipática.

Una de las lecciones más importantes acerca de la educación del niño, es que este necesita experimentar simultáneamente todas las modalidades del amor. El niño debe recibir nuestro amor y nuestra firmeza juntos. Ninguna de estas cosas excluye a la otra. El ser firme no anula el cariño; y el mostrar afecto no disminuye la firmeza ni fomenta la permisividad. *La falta de firmeza y de establecimiento de límites promueve la permisividad, pero el amor y el cariño no.*

Cuando los padres han provisto concienzudamente todos los modos precedentes de mostrar amor y disciplinar a un niño, y este sigue teniendo una actitud de desafío beligerante, dichos padres deben castigarlo. Este tipo de desafío debe ser suprimido. El castigo tiene que ser lo bastante severo para hacer cesar dicha actitud; pero igualmente lo más leve posible, para prevenir aquellos problemas de los que ya hemos hablado. Si una orden o una explicación a un niño bastan para desmantelar la actitud de desafío, ¿por qué ser más punitivo? Si es necesario y suficiente mandar a un niño a su habitación durante un rato, está bien. Si se requiere quitarle algún privilegio para acabar con su actitud desafiante, hazlo. Enfrentémonos a ello: el castigo corporal es a veces necesario para frustrar una pronunciada actitud de desafío beligerante; pero solo como último recurso.

Otro problema con el castigo es que el que se le aplica a un niño puede significar poco para otro. Por ejemplo, uno de mis hijos era más sensible que el otro. El castigo más severo para él era enviarlo a su habitación. Ese rechazo era mucho más devastador para él que el castigo corporal. Sin embargo, al otro no le importaba ir a su habitación. Cada niño es único.

Otro problema con el castigo es que el tipo y la severidad del mismo casi siempre depende de los sentimientos de los padres en ese momento. En momentos en que el padre está en un estado de ánimo agradable, optimista y amoroso, el castigo probablemente será bastante diferente y menos severo que cuando esté en un estado de ánimo negativo. Esto, por supuesto, conduce a una disciplina inconsistente, que tiene sus propios efectos nocivos para el niño. Por estas razones, sugiero que los padres consulten entre ellos o con un amigo y determinen el castigo apropiado para cada niño en cada situación. Esta toma de decisiones se debe hacer, por supuesto, cuando el padre está en calma, es racional y puede pensar el asunto completamente.

Ten cuidado

Cuando utilizamos el castigo corporal, debemos ser cuidadosos en varios aspectos. En primer lugar, el niño debe entender exactamente por qué se le está castigando; explícale con precisión, en términos de su comportamiento, lo que ha hecho mal. Las palabras como «malo» pueden dañar el amor propio del niño y no se deben utilizar.

En segundo lugar, los padres deben tener cautela para no causar ninguna lesión física al niño. Por ejemplo, es fácil herirle un dedo inadvertidamente.

Tercero, cuando el niño está llorando inmediatamente después del castigo, se le debe dejar a solas; sin embargo, sería mejor que los padres se quedaran cerca, a la expectativa, hasta que cese el llanto. Cuando el niño ha dejado de llorar y está mirando alrededor, su pregunta sigue siendo: «¿Me amas? ¿Me quieres todavía?» Los padres, entonces, deberían darle contacto visual, contacto físico y atención enfocada en abundancia para tranquilizarlo mostrándole que todavía se le ama de verdad.

Modificación del comportamiento

Por último, me parece apropiado mencionar la *modificación del comportamiento*. Se trata de un sistema de pensamiento ampliamente utilizado hoy en relación con el trato de los niños. De una forma muy básica, diremos que la modificación del comportamiento emplea el reforzamiento positivo (introducción de un elemento positivo en las circunstancias del niño), el reforzamiento negativo (remoción de un elemento positivo de dichas circunstancias), y el castigo (introducción en las mismas de un elemento negativo). Un ejemplo de reforzamiento positivo es premiar al niño (con un dulce o una fruta) por la conducta adecuada. Para ilustrar el reforzamiento negativo podemos privar a un niño, por comportamiento inadecuado, de sus privilegios en cuanto a ver el televisor o usar las redes sociales si tiene acceso a ellas. Y como ejemplo de castigo (a veces llamado técnica aversiva) el pellizcarle en el músculo trapecio por una conducta indebida.

El hablar acerca de este tema en profundidad está fuera del propósito del presente libro; no obstante, debiéramos destacar algunos puntos importantes.

En primer lugar, se ha hecho tanto hincapié en la modificación del comportamiento, que tales técnicas ocupan a menudo el lugar de la crianza emocional. Si los padres emplean demasiado dicha modificación de comportamiento al relacionarse con un niño, este no se sentirá amado. ¿Por qué? Primeramente, porque el fundamento mismo de la modificación del comportamiento es *condicional*. El niño solo recibe una recompensa si *se porta* de un cierto modo. Además, ese enfoque no tiene en cuenta los sentimientos ni las necesidades emocionales de un niño (amor); por consiguiente, los padres no pueden transmitir amor incondicional a sus hijos utilizando la modificación del comportamiento como vía principal de relacionarse con ellos.

Por ejemplo, considera la ilustración que empleé en el capítulo anterior referente a llenar el tanque emocional de Dale cuando se portó mal después de que estuve tres días ausente. Un «psicólogo estricto», diría que yo estaba premiando a mi hijo por su mal comportamiento al darle cariño en ese momento. ¿Ves la diferencia? Los padres no pueden utilizar principalmente la modificación del comportamiento para relacionarse con sus hijos y amarlos incondicionalmente.

Otro problema de relacionarse con un niño principalmente mediante la modificación del comportamiento, es que el pequeño sacará de ello un sistema de valores inadecuado; y aprenderá a hacer las cosas fundamentalmente para recibir una recompensa, desarrollando una orientación basada en «¿Qué beneficio puedo obtener de esto?» Un ejemplo de ello ocurrió en el hogar de un querido amigo nuestro. Resulta que era un «psicólogo estricto», y estaba educando a sus hijos tan cerca como podía del concepto de la modificación del comportamiento. Una vez, cuando estábamos comiendo en su casa, dijo: «Jerry tiene solo tres años y ya puede contar hasta cien. Pongan atención —se acercó a su hijo y expresó—: Jerry, cuenta hasta cien y te doy un bombón». Jerry replicó al instante: "No quiero un bombón"». Si deseamos que nuestro niño haga cosas por la satisfacción de hacerlas o por el orgullo de una labor bien realizada, lo mejor que haríamos es no abusar de la modificación del comportamiento. El resultado final es una motivación inadecuada.

Un último inconveniente de la modificación del comportamiento es el siguiente: Si los padres emplean demasiado dichas técnicas, el niño aprenderá de la manera que sus padres desean *con objeto de conseguir algo que él quiere.* La mayoría de las personas llamarían a esto manipulación. Una de las maneras más seguras para hacer que un niño se vuelva astuto y manipulador es usar demasiado a menudo las técnicas de modificación del comportamiento.

Ahora que he expuesto los aspectos negativos de la modificación del comportamiento, permíteme expresar los positivos. Esas técnicas tienen su lugar en la educación del niño; pero no como la manera principal de relacionarse con el chico. La principal debe ser el amor incondicional.

La modificación del comportamiento se debería utilizar para problemas de conducta específicos y reiterados por los cuales el niño no se muestre apenado ni desafiante. Este tipo de problema debe ser asimismo lo bastante concreto para poder ser definido y comprendido por el niño.

Un ejemplo común de esto es la rivalidad entre hermanos, especialmente durante las edades de cuatro a ocho años. Tuvimos este problema en nuestra casa cuando nuestros dos hijos tenían nueve y cinco años de edad. Estaban en las etapas en las que peleaban con frecuencia entre sí. Desde luego, ninguno de los dos sentía remordimientos con eso. El perdón era naturalmente inadecuado, y ni el uno ni el otro tenían una actitud desafiante en cuanto al asunto. Las peticiones no daban resultado; las órdenes solo tenían efecto por unas horas; y también duraba poco la eficacia de los castigos, los cuales eran al mismo tiempo desagradables para todos. ¿Sabes lo que funcionó? Probablemente ya te lo has imaginado: un sistema de recompensas.

Utilizamos la técnica de un cuadro con estrellas; y el hecho de darles una de dichas estrellas por cada quince minutos de paz, aumentó gradualmente el intervalo entre las peleas, hasta que estas se acabaron. Por cada cierto número de estrellas conseguidas, le dábamos a cada chico una recompensa apropiada. Aquello funcionó maravillosamente y tuvimos «paz en el valle».

No obstante, tengo una palabra de advertencia en cuanto a este tipo de técnica: toma tiempo, coherencia, verdadero esfuerzo y persistencia. No empieces algo así a menos que estés dispuesto a seguir con ello y a ser congruente; de otra manera el método fracasará.

Hay muchos libros buenos acerca de la modificación del comportamiento que te dirán más acerca de técnicas específicas.

Como puedes ver, una buena educación de los hijos requiere equilibrio. El niño necesita todo aquello de lo que hemos hablado: contacto visual, contacto físico, atención enfocada, disciplina, peticiones, firmeza, flexibilidad, órdenes, perdón, castigo, modificación del comportamiento, instrucción, guía, ejemplo y escucharlo activamente. Pero debemos darle estas cosas a nuestro hijo en la *justa medida*. Espero que lo que hemos hablado, te ayude a hacerlo de tal manera que tus hijos se sientan amados incondicionalmente.

12

NIÑOS CON PROBLEMAS ESPECIALES

¿Por qué los niños con problemas especiales como diabetes, dificultades de aprendizaje, sordera, hiperactividad o retraso mental casi siempre tienen marcadamente mayores problemas emocionales y de comportamiento? La respuesta a esta pregunta es extremadamente compleja; y explicar por qué los niños en cada una de estas áreas problemáticas tienen más propensión a los desórdenes emocionales y de conducta, va más allá de la intención de este libro.

No obstante, unos puntos pertinentes serían de ayuda para los padres de tales niños. Algunos de estos hechos están íntimamente relacionados con el modo de transmitir amor a nuestros hijos.

Problemas de percepción

En primer lugar, consideremos el área general de los problemas de percepción. La percepción el algo difícil de definir; pero intentémoslo. Percibir puede querer decir captar o recibir información a través de los sentidos y transmitirla a la mente; en cuyo caso, un niño con problemas de percepción, tiene dificultad en recibir información de su ambiente y en transferirla a su cerebro. Por consiguiente, cuando las informaciones tales como imágenes visuales, sonidos y sensaciones táctiles se procesan en la mente de dicho niño, a este le es difícil entenderlas claramente. Su comprensión de las circunstancias es deforme en aquellas áreas donde se encuentran sus percepciones defectuosas.

Utilizando esta amplia y simplificada definición de problemas de percepción, podemos ver que sería posible incluir en la misma muchos tipos de dificultades especiales. Los problemas visuales, auditivos, algunas enfermedades neurológicas y muchos tipos de impedimentos para aprender tienen una cosa en común: todo niño que sufre de uno de estos desórdenes posee una comprensión defectuosa de lo que le rodea. Los estímulos o la información que recibe resultan deformes para él.

¿Ves la gran importancia de esto más allá del impedimento para percibir en sí? Todas las maneras que tenemos de transmitir nuestro amor a un niño, necesitan del uso de uno o varios de los sentidos perceptibles. El contacto visual precisa que uno perciba las imágenes visuales. El contacto físico requiere el empleo del tacto, que en sí mismo es abrumadoramente complicado. La atención enfocada requiere que utilicemos todos nuestros sentidos. Así que si hay algún defecto de percepción en cualquiera de estas áreas, la comprensión del niño en cuanto a lo que sentimos por él puede ser defectuosa. Esto hace más difícil que transmitamos nuestro amor a dicho niño en particular. La dificultad para sentirse amado es una de las grandes razones por las que los niños disminuidos en cuanto a la percepción tienen unos conceptos de sí mismos más bajos de lo debido. Esta es una de las causas por las que generalmente dichos niños se deprimen cada vez más a medida que se van haciendo mayores, lo cual con frecuencia resulta en unos desórdenes emocionales y de comportamiento más bien severos; especialmente al principio de la adolescencia.

La historia corriente de un niño con problemas de percepción, con los impedimentos para aprender que resultan de ello, es que el pobre chiquillo no puede estar a la altura de sus compañeros en los estudios y otras cosas. Obtiene malas notas o se ve obligado a soportar continuamente experiencias degradantes. Aun en situaciones en las que no hay calificaciones, el niño se da cuenta de sus deficiencias. Y cuando entra en los años de la preadolescencia y del principio de la adolescencia, llega a estar más y más deprimido. La depresión en este grupo etario no se parece a ninguna otra. Por lo general, a esos niños no se les ve la depresión ni actúan como si la sufrieran, a menos que haya alcanzado una profundidad seria. Típicamente los adolescentes de doce, trece y catorce años manifiestan su estado depresivo mediante la dificultad en prestar atención en las aulas (período de atención y habilidad para concentrarse reducidos), con el resultante descenso de las notas. Posteriormente, sobreviene un aburrimiento prolongado y disminuye el interés por las actividades saludables. En esa etapa, el jovencito es profundamente desdichado.

Si ese aburrimiento continúa, a la larga, el adolescente expresará su depresión y su miseria. Una chica seriamente deprimida y aburrida en esa difícil situación, puede entonces hacerse libertina, usar drogas, escaparse de casa o probar otros tipos de comportamientos antisociales. Un chico en circunstancias parecidas, tendrá la tendencia a actuar de un modo semejante, aunque por lo general se inclinará más a las actividades violentas, tales como robar y pelear.

Si vemos que los niños afectados por problemas de percepción están casi predispuestos a manifestar sentimientos relacionados con un bajo concepto de sí mismos —como el de no ser amados, creerse inaceptables y depresión—, ¿cómo vamos a ayudarles? Creo firmemente que el área en la que precisan más ayuda es aquella que más se pasa por alto. Acertaste: esos niños necesitan sobre todo sentirse amados de un modo genuino e incondicional. Entonces serán más capaces de superar sus defectos.

¿Cómo podemos hacerlo? De la misma manera en que damos nuestro amor a todos los niños, excepto que hemos de recordar que aunque sus percepciones son defectuosas en algunas áreas, pocas veces lo son en todas las modalidades sensuales. Estos niños casi siempre necesitan más afecto y otros medios de transmisión de amor para que se sientan amados. Además, los pobres chiquillos precisan que les demos nuestro amor de maneras más directas, simplificadas, sinceras y acentuadas. También debemos proporcionárselo en una forma de algún modo más intensa. Todo ello es necesario para asegurarnos de que dichos niños no entiendan mal nuestros sentimientos por ellos, que reciban un *mensaje claro* de nuestros corazones a los suyos. Nuestras comunicaciones de amor con ellos deben ser evidentes y fuertes.

Otros problemas médicos

Los niños con problemas médicos crónicos (de mucho tiempo), también son dados a los conflictos emocionales y conductuales. Ello es verdad especialmente en cuanto a los problemas médicos que requieren una atención continua, tales como la diabetes juvenil. Cuidar de niños pequeños que tienen dichas enfermedades demanda muchísimo tiempo y esfuerzo por parte de los padres. Tanto es así que no es difícil dedicar toda la atención de uno a tratar la enfermedad y olvidarse de otras necesidades del niño. Y eso es exactamente lo que pasa referente a las necesidades emocionales de la mayoría de esos pequeños. Los padres solícitos llegan a involucrarse tanto, por ejemplo, en darle las dosis debidas de insulina, la dieta, haciendo determinaciones sobre la glucosa y cosas por el estilo, que los procedimientos necesarios sustituyen la comunicación natural de amor.

A pesar de todo lo útiles que son, esos deberes médicos no son sustitutos del amor incondicional que se da a través del contacto visual, el contacto físico y la atención enfocada. A medida que los niños se van haciendo mayorcitos —y en particular durante la adolescencia—, llegan a sentirse más airados, resentidos y amargados en cuanto a su enfermedad; y a causa de la sustitución antes mencionada del cuidado médico por el cariño, se sienten agraviados por la enfermedad y por sus padres. Así, llegan a hacerse hostiles y desafiantes, no solo hacia la autoridad de aquellos, sino hacia todo tipo de autoridad. Son propensos a la depresión y a todas sus consecuencias. Pero, lo peor de todo, es que utilizan frecuentemente la seriedad de su enfermedad para enfrentarse a sus padres y expresar su ira y su frustración. Esto pueden hacerlo tomando demasiada insulina, ingiriendo muchos carbohidratos y cometiendo otros excesos. Muchos hasta se suicidan en un acto de ira y desafío.

Desde luego, hay otras razones en esta complicada enfermedad que propician las amargas y destructivas actitudes de los jóvenes pacientes. Sin embargo, según mi experiencia, dos son las causas principales de que estos chicos se vuelvan tan resentidos y desafiantes. La primera es aquella de la que acabamos de hablar: la sustitución de los procedimientos médicos como una manifestación de amor. La otra es un establecimiento de límites insuficiente y falta de control del comportamiento por los padres. Puede que estos sientan lástima por sus hijos enfermos, y también culpa, temor o depresión; pero si no controlan la conducta de esos hijos de la misma forma que harían con otros niños —es decir, con firmeza—, estos podrán manipularlos. Tal cosa es algo especialmente fácil de hacer para los chicos con enfermedades crónicas; los mismos pueden utilizar su enfermedad para controlar a sus padres: aprovechándose del sentimiento de culpa y de la lástima de estos, haciéndoles temer que su condición puede empeorar e, incluso, usando la amenaza de sucumbir intencionalmente a la enfermedad.

Esto puede suceder hasta cierto punto con cualquier chico que tenga algún impedimento, alguna enfermedad u otro problema de larga duración; por ejemplo: asma, bronquitis crónica, defectos cardíacos, deformidad física, retraso mental, ataques, enfermedades neurológicas, dolencias musculares, problemas dentales e incluso incapacidad para aprender. La lista puede extenderse más y más.

Así pues, querido padre, si tu hijo tiene un impedimento o problema de algún tipo, no dejes que eso haga que descuides al niño; él necesita tu amor incondicional más que ninguna otra cosa, más que cualquier cuidado médico, no importa cuánto se precise; más que los dispositivos, más que un ayudante particular o cualquier otro remedio, más que ningún ejercicio y que ninguna medicina. Los ingredientes más indispensables en la vida de tu hijo son tú y el amor incondicional que le des. Con eso, el niño podrá obtener la fuerza y la voluntad necesarias para vencer la dificultad y desarrollarse.

El niño resiste

Quisiera considerar cómo dar ayuda a un niño resistente, es decir, aquel que se rehúsa a recibir afecto. Lo creas o no, muchos niños son por naturaleza (congénitamente) rebeldes a las maneras normales de darles cariño y amor. Resisten el contacto visual, no quieren que se les toque y no les gusta la atención enfocada.

Ello puede darse en diversos grados. Algunos niños son solo ligeramente resistentes, mientras que otros se molestan mucho cuando se les comunica amor; y hay los que se sienten cómodos con una manera de transmitirles amor, pero no con otra. Cada niño es único.

El niño resistente es invariablemente un enigma para sus padres. Aquellos padres que son solícitos, saben instintivamente que su hijo necesita afecto y otras formas de crianza emocional; pero cuando intentan satisfacer esa necesidad, el niño halla innumerables maneras de impedirlo. ¡Qué dilema! Muchos padres finalmente se resignan a aquello que, según deducen, es «lo que el niño quiere»; y suponen que no necesita su atención, su amor ni su afecto. Ese es un error desastroso.

Aun el niño extremadamente resistente necesita todo aquello de lo que hemos hablado referente al amor incondicional. Sin embargo, como no se siente a gusto aceptándolo, los padres debemos enseñarle gradualmente cómo recibir ese amor de una manera agradable.

Podemos comenzar comprendiendo los cinco períodos durante los cuales el chico es capaz de recibir amor. Mientras se encuentra en esos períodos, sus defensas están bajas y puede relacionarse bastante íntimamente en el nivel emocional para ser receptivo. Desde luego, cada niño es diferente. Un chiquillo puede ser más receptivo durante cierto período y menos durante otro. A los padres les toca saber cuándo su hijo es más receptivo al amor y al afecto.

El primer período receptivo que quisiera mencionar, es cuando un niño encuentra algo muy gracioso. Por ejemplo, el chiquillo puede estar mirando el televisor y ver una escena divertida. En ese momento, sus padres tienen una oportunidad para hacer contacto visual y físico con él y brindarle una atención enfocada, mientras comentan acerca del asunto chistoso. Los padres deben por lo general darse prisa en hacerlo, porque las defensas del niño verdaderamente resistente solo están bajas por un momento. Tenemos que llevar tal acción a cabo «en un abrir y cerrar de ojos», si no el niño puede defenderse evadiendo tácticas similares en el futuro.

El segundo período de receptividad es cuando el chiquillo ha hecho algo por lo que está orgulloso con razón. No por cualquier cosa. El logro debe ser algo con lo que el chico esté realmente satisfecho. En esos momentos, los padres pueden darle contacto visual y contacto físico (y atención enfocada si es apropiado) mientras lo elogian. También en este caso debemos ser cuidadosos con las exageraciones, especialmente prolongando la ocasión; lo mejor es hacerlo «en un santiamén».

El tercer período receptivo sucede aquellas veces cuando el niño no se encuentra bien físicamente. Cuando se siente mal o lastimado, su receptividad es de alguna manera impredecible. En ciertas ocasiones, la enfermedad o el dolor pueden aumentar su habilidad para recibir afecto pero, en otras, su resistencia quizás se haga mayor. Los padres debiéramos observar esto continuamente con el objeto de aprovechar las oportunidades que surjan para dar a nuestros hijos amor en tales ocasiones de enfermedad o dolor. El niño olvida los momentos como esos.

El cuarto período de receptividad ocurre cuando el niño está herido emocionalmente; esto sucede a menudo cuando tiene un conflicto con sus compañeros y estos se han aprovechado injustamente de él. En tales ocasiones de dolor emocional, muchos niños resistentes llegan a ser capaces de aceptar que les mostremos amor.

El quinto período receptivo depende principalmente de las experiencias anteriores del chico en particular. Por ejemplo, un chiquillo puede haber tenido muchas experiencias agradables y llenas de significado en sus largos paseos con sus padres. Por tanto, es muy probable que sea más receptivo a la transmisión de amor de su padre o su madre mientras andan de paseo. Otro niño puede que haya tenido buenas experiencias en el momento de irse a la cama, cuando sus padres le leían, oraban y hablaban con él. Tal chiquillo se sentirá inclinado de una manera natural a ser más receptivo a la hora de acostarse. Esta es la razón por la cual proveer períodos fijos de experiencias agradables y cariñosas a un niño es muy importante y de gran provecho para él y para sus padres. La rutina habitual de la hora de acostarse, por ejemplo, es una buena inversión.

En pocas palabras, todos los chicos necesitan maneras naturales de transmitirles amor como las que hemos analizado: el contacto visual, el contacto físico y la atención enfocada. Si no recibe eso en abundancia, mejor haríamos en buscar las razones y corregir la situación.

13

CÓMO AYUDAR ESPIRITUALMENTE A TU HIJO

Una de las quejas principales que oímos hoy de los adolescentes es en cuanto al descuido de sus padres en darles pautas éticas o morales por las cuales regirse en sus años formativos. Este anhelo lo expresan los chicos mayorcitos en muchas maneras. Un adolescente dice que necesita significado en su vida; otro quiere una «norma para guiarla»; otros jovencitos desean con ansias una «guía más alta», «algo a qué agarrarse» o «algo que me enseñe cómo vivir».

Esos gritos desesperados no vienen de unos pocos adolescentes desdichados y descontentos. La mayoría de ellos están sintiendo y expresando esos anhelos. Se hallan confusos, terriblemente confundidos, en esta área existencial de la vida. Es muy raro encontrar jóvenes estables respecto al significado y propósito de sus vidas; que estén en paz consigo mismos y con su mundo; y que tengan perspectiva y entendimiento en cuanto a lo que significa vivir en esta sociedad confusa, cambiante y temerosa de hoy. Y mucho de ello se remonta a su infancia.

Adonde primero mira el niño en busca de dirección en esta área, es hacia sus padres; y el que reciba de estos lo que necesita, dependerá de dos cosas: la primera es si los padres mismos lo tienen; y la segunda es si los hijos se pueden identificar con sus padres de tal manera que incorporen y acepten los valores de estos. Un niño que no se sienta amado hallará esto difícil.

El primer requisito

Consideremos el primer requisito necesario para darle a un hijo ese significado que tanto anhela tener en su vida. Los padres debemos poseer un fundamento sobre el cual basar nuestra manera de vivir y que pueda resistir la prueba del tiempo; algo que nos sostenga a través de cada una de las fases de la vida: en la adolescencia, la juventud, la edad madura, la vejez, las crisis matrimoniales, las crisis financieras, las crisis de los niños, las crisis de energía y, especialmente, en una sociedad que cambia rápidamente y en la cual los valores espirituales se están desvaneciendo a toda velocidad. Somos los padres quienes debemos poseer ese fundamento crucial sobre el cual basar nuestra vida con objeto de dárselo a nuestros hijos. En mi opinión, este es el tesoro más valioso que podemos transmitir a nuestra descendencia.

¿Cuál es esa posesión indispensable que da propósito y significado a la vida y es transferible a nuestros hijos? Muchos han tratado de conseguirla desde los comienzos de la civilización, pero pocos la han hallado realmente. Los filósofos han estado luchando con estas preguntas y respuestas durante siglos. Los diplomáticos internacionales de vez en cuando han pretendido tener algunas soluciones. Aun ahora, los planificadores gubernamentales están afirmando tener respuestas; sin embargo, su legislación tan diligentemente planeada dejará los corazones exactamente igual de vacíos y anhelantes que como estaban, pero más dependientes del control humano (del gobierno). El campo de la salud mental, por su parte, ofrece ayuda en lo relacionado con los problemas emocionales, los trastornos mentales, los desórdenes sicofisiológicos, los problemas de adaptación y la falta de armonía matrimonial.

Sin embargo, esa posesión preciosa que trae la paz, la cual todo corazón ansia, es Dios mismo. Él es íntimamente personal y aun así se puede tratar con muchos otros. Él es fortalecedor en tiempos de conflicto y, sin embargo, consuela en momentos de aflicción. Da sabiduría en épocas de confusión y corrección en tiempos de error. Socorre en momentos pasados y presentes, y promete hacerlo más aun en el futuro. Da dirección y guía en toda ocasión, pero no nos deja solos. Es más cercano que un hermano (Proverbios 18:24).

Él da instrucciones que se han de cumplir, empero hace promesas asombrosamente maravillosas a aquellos que están dispuestos a obedecer. A veces permite que nos sobrevengan pérdidas y dolor, pero siempre nos sana y sustituye lo que hemos perdido por algo mejor. No se impone sobre nosotros, sino que espera pacientemente a ser aceptado. No nos obliga a hacer su voluntad; pero se siente profundamente afligido y herido cuando seguimos el mal camino. Quiere que le amemos porque Él nos amó primero; pero Él mismo nos dio una voluntad libre para aceptarlo o rechazarlo. Él quiere cuidar de nosotros, pero se niega a forzarnos a aceptar su cuidado. Su mayor deseo es ser nuestro Padre, sin embargo no nos lo impone. Si queremos lo que Él quiere: una amorosa y solícita relación entre Padre e hijo, debemos aceptar su oferta. Es demasiado considerado para imponérnosla. Está esperando que tú y yo nos convirtamos en sus hijos. Naturalmente, como lo habías pensado, debe tratarse de un Dios personal.

Esta relación personal e íntima con Dios por medio de su Hijo Jesucristo es lo más importante en la vida. Este es el «algo» que nuestra juventud está anhelando: el «significado de la vida», el «algo en qué confiar», la «guía más alta», «lo que trae consuelo cuando todo lo demás parece desmoronarse». Todo está ahí.

¿Lo tienes? Si no es así, busca la ayuda de un pastor o de un amigo cristiano.

El segundo requisito

El segundo requisito necesario para darle a un hijo lo que tenemos, es que el chico pueda identificarse con sus padres de tal manera que acepte e incorpore los valores de estos.

Como recordarás, si un niño no se siente amado y aceptado, tiene verdadera dificultad para identificarse con sus padres y con los valores que ellos sostienen. Sin unos vínculos amorosos fuertes y saludables con sus progenitores, el chico reacciona a la guía paterna o materna con ira, resentimiento y hostilidad. Considera cada petición de sus padres (o cada orden), como una imposición; y aprende a resistirlas. En casos graves, el hijo aprende a pensar en cada petición paterna o materna con tal resentimiento, que toda su orientación hacia la autoridad de los padres —y finalmente hacia cualquier autoridad (incluida la de Dios)— se enfoca en hacer lo contrario de lo que se espera de él.

Con este tipo de actitud y de orientación puedes comprender lo difícil que se hace darle a tu hijo el sistema de valores morales y éticos que tienes.

Para que un niño se identifique con sus padres (se relacione íntimamente con ellos) y sea capaz de aceptar sus pautas, debe sentirse amado y aceptado por ellos de un modo genuino. Para darle a un hijo la relación íntima con Dios que los padres tienen, estos deben asegurarse de que el niño se sienta amado incondicionalmente. ¿Por qué? Porque así es como Dios nos ama: sin condiciones. Es extremadamente difícil para personas que no se sientan amadas incondicionalmente por sus padres, sentirse amadas por Dios. Este es el obstáculo más grande y corriente que mucha gente tiene para establecer una relación personal con Dios. Los padres deben prevenir que eso suceda en las vidas de sus hijos.

¿Cómo pueden asegurarse los padres de que el niño esté preparado y listo para aceptar el amor de Dios? Cerciorándose de llenarle el tanque emocional y de mantenerlo lleno. Los padres no pueden esperar que un niño encuentre una relación con Dios íntima, cariñosa y provechosa, a menos que se hayan preocupado por él emocionalmente y qué dicho niño tenga una relación así con ellos.

Sí, he visto a niños educados con la vara llegar a ser cristianos; pero como la manera en que fueron criados era principalmente mediante el castigo, más que con amor incondicional, esas personas desafortunadas pocas veces poseen una relación con Dios saludable, amorosa y afectuosa; por lo que tienen la tendencia a utilizar su religión de una manera punitiva contra otros bajo el disfraz de «ayuda». Usan mandamientos bíblicos y otras declaraciones escriturales para justificar su comportamiento duro y falto de amor. También son dados a erigirse a sí mismos en jueces espirituales y dictan la corrección de otros. Naturalmente, es posible que con el tiempo, cualquier hijo encuentre cómo llegar a los brazos amorosos de Dios y acepte su amor. Nada hay imposible para Dios. Por desgracia, las posibilidades del chico disminuyen considerablemente si los padres no le han dado un fundamento de amor.

De modo que hay dos requisitos esenciales para ayudar a un niño espiritualmente: la relación personal del padre o la madre con Dios, y la seguridad de dicho niño de que se le ama incondicionalmente.

La memoria de un niño

La siguiente cosa importante que hemos de saber acerca de un niño es cómo funciona su memoria. Recuerda que los niños son mucho más emocionales que cognoscitivos y que, por lo tanto, se acuerdan con una facilidad mucho mayor de los sentimientos que de los hechos. Un chiquillo puede recordar mucho más fácilmente cómo se sintió en una ocasión en particular que los detalles de lo que pasó. Déjame darte un ejemplo muy pertinente: Un niño en una clase de escuela dominical recordará cómo se sentía mucho después de haber olvidado lo que se dijo o se enseñó en la misma.

Así que, en cierto modo, si la experiencia del chico fue grata o desagradable, es mucho más importante eso que los detalles de lo que enseñó el maestro. Con «grata» no quiero decir que el maestro tenga que complacer los deseos de diversión y retozo de un niño; sino tratarle con respeto, amabilidad e interés. Hacer que se sienta satisfecho consigo mismo. No criticarle, humillarle o rebajarle de otra mañera.

Naturalmente, lo que se enseña al niño es de extrema importancia; pero si supone una experiencia degradante o aburrida para él, es muy probable que rechace aun la mejor de las enseñanzas; sobre todo si esta entraña cuestiones de moralidad y ética. Es a causa de ese tipo de situaciones que el chico desarrolla prejuicios contra lo litúrgico, y tiende a considerar a la gente de la iglesia como hipócritas. Esta actitud es difícil de rectificar y puede conservarla toda la vida. Por otro lado, si la experiencia de aprendizaje es buena, los recuerdos que el chico tenga de las cosas espirituales serán agradables y este podrá entonces incorporarlas a su propia personalidad.

A modo de ilustración, diré que unos amigos nuestros tienen un hijo de ocho años —Miguel—, a quien le gustaba la escuela dominical y que le enseñaran acerca de las cosas espirituales. No había inconveniente para hacer que fuera a la casa del Señor. Lo lamentable es que, un domingo por la mañana, Miguel y otro niño estaban hablando y riéndose durante la exposición del maestro, por lo que este, irreflexivamente, colocó a los dos chiquillos solos en una habitación pequeña y les hizo escribir la frase «Honra a tu padre y a tu madre», hasta que sus padres fueron a buscarlos. La exageración e insensibilidad de aquel castigo injusto y humillante tuvo efectos dramáticos. Causó tal ira, daño y resentimiento que Miguel comenzó a albergar aversión hacia todo lo espiritual; se negó a volver a su iglesia y, desde luego, su concepto de Dios fue tergiversado. Solo después de varios meses han podido sus amorosos padres ayudarle a tener fe otra vez en las verdades espirituales. Este tipo de cosas suceden, en mayor o menor grado, cuando se da más importancia a la enseñanza del maestro que al bienestar emocional del niño. La emocionalidad y la espiritualidad no son cosas completamente separadas. Ambas están bastante relacionadas entre sí y dependen mucho la una de la otra. Por esa razón, si los padres quieren ayudar a sus hijos espiritualmente, en primer lugar deben ocuparse de estos en el terreno emocional. Como el chico recuerda los sentimientos con una facilidad mucho mayor que los hechos, debe tener una serie de memorias agradables sobre las cuales acumular tales hechos, especialmente los hechos espirituales.

Una equivocación muy común

Al llegar a este punto, me gustaría examinar una equivocación muy común en la actualidad. Dice algo como lo que sigue: «Quiero que mi hijo aprenda a tomar sus propias decisiones una vez que haya sido expuesto a todo. No debe sentirse obligado a creer lo que yo creo. Deseo que sepa acerca de las diferentes religiones y filosofías; y luego, cuando sea mayor, puede hacer su propia decisión».

Este padre está rehusando comprometerse o es excesivamente ignorante en cuanto al mundo en que vivimos. Un chico criado bajo esa premisa es verdaderamente digno de lástima. Sin una guía y una clarificación continuas en asuntos éticos, morales y espirituales, ese hijo llegará a estar cada vez más confundido con el mundo en que vive. Hay respuestas razonables para muchos de los conflictos y de las aparentes contradicciones de la vida. Uno de los mejores regalos que los padres pueden darles a sus hijos es una comprensión clara y básica del mundo y de sus desconcertantes problemas. Sin esa base estable de conocimiento y comprensión, ¿es acaso extraño que muchos hijos clamen a sus padres: «¿Por qué no me enseñaron acerca de todo esto? ¿De qué se trata la vida?»

He aquí otra razón por la que esta manera de ver la espiritualidad es excesivamente negligente. Más y más grupos, organizaciones y sectas, están ofreciendo respuestas destructivas, esclavizantes y falsas a los problemas de la vida. Nada agrada más a esa gente que encontrar a una persona que haya sido educada de esta manera aparentemente tolerante. Tal persona es una presa fácil para cualquier grupo que ofrezca respuestas concretas, no importa cuán falsas o esclavizantes sean estas.

Me resulta asombrosa la manera en que algunos padres pueden gastar miles de dólares y no escatimar la manipulación política para asegurarse de que su hijo esté bien preparado en el terreno educativo; y sin embargo, en cuanto a la preparación más importante de todas —para las batallas espirituales de la vida y descubrir el significado real de la misma— dejan que el chico se valga por sí mismo y se convierta en presa fácil para las sectas.

A todos los chicos les encantan los cuentos

¿Cómo pueden los padres preparar a sus hijos espiritualmente? La instrucción y las actividades eclesiales organizadas son extremadamente importantes para el desarrollo de un niño; sin embargo, nada influye más en este que su hogar y a lo que se exponga en el mismo. Esto también es cierto en relación a las cosas espirituales. Los padres deben estar involucrados activamente en el crecimiento espiritual de su hijo; y no pueden permitirse el dejarles esto a otros, ni siquiera a líderes de jóvenes excelentes de la iglesia.

En primer lugar, los padres mismos deben enseñar a sus hijos las cosas espirituales. No solo debe enseñarles principios; sino cómo aplicar estas a la vida diaria (lo cual no es fácil).

Es bastante sencillo darle a un niño hechos básicos de la Escritura como quiénes fueron los diversos personajes bíblicos y lo que hicieron. Pero eso no es lo que buscamos fundamentalmente. Lo que deseamos es que el niño comprenda el significado que tienen para él personalmente dichos personajes y los principios de la Biblia. Esto solo podemos hacerlo con algo de sacrificio por nuestra parte, como en el caso de la atención enfocada. Debemos estar dispuestos a pasar tiempo a solas con el niño con el fin de proveer para sus necesidades tanto emocionales como espirituales. De hecho, ¿por qué no hacerlo simultáneamente siempre que sea posible?

La hora de acostarse es por lo general el mejor momento para llevar a cabo esto mismo; ya que la mayoría de los chicos están ansiosos —a esa hora— por intercambiar ideas con sus padres. Poco importa que sea porque necesiten que se llene su tanque emocional o porque deseen retrasar el irse a la cama. El hecho es que se trata de una magnífica oportunidad para satisfacer las necesidades del niño, darle instrucción y guía espiritual, y hacerlo en una atmósfera que el niño recuerde con cariño. ¿De qué otra manera pueden darles los padres tanto a un niño de un modo tan económico?

A todos los niños les encantan los cuentos. Así que yo, personalmente, comienzo leyendo una historia escogida por mi hijo. Unas veces se trata de una historia secular; y otras, un cuento de un libro cristiano. En ciertas ocasiones, mi hijo quiere que imagine una historia sobre «Bing Bing y Boing Boing», «El gran Rootabaga», y otros cuentos que he inventado con anterioridad.

Luego le leo un relato devocional breve de un libro cristiano para niños. A mis hijos les gusta contestar preguntas acerca de las historias; así que prefiero libros que tengan tales preguntas después de cada relato. Una visita a una librería cristiana te proporcionará muchos buenos libros que puedes usar con tus hijos.

Cuando un niño responde preguntas después de una historia, siempre hay similitudes y aplicaciones con lo que está sucediendo en la propia vida del chico. La parte difícil es hacerle llegar el mensaje y, como muchos padres se sienten torpes e ineptos en esto, generalmente lo abandonan, sobre todo si el chico no contribuye demasiado. ¡No dejes que esas cosas te detengan! Si un niño parece estar respondiendo o no, puedes estar seguro de que estás influenciando fuertemente al niño. El tiempo que pases con tu hijo de esta manera tendrá efectos de gran alcance. Si no influyes en tu hijo en el área de lo sobrenatural ahora, alguien más lo hará más tarde.

Cuando un niño contesta las preguntas, siempre hay semejanzas y cosas que se puedan aplicar a lo que está pasando en su propia vida. La parte más difícil es hacerle llegar el mensaje a dicho niño, y ya que muchos padres se sienten torpes e incapaces para ello, por lo general abandonan —especialmente si el niño no contribuye mucho. ¡No dejes que estas cosas te detengan! Ya sea que un niño parezca responder o no, puedes descansar tranquilo sabiendo que le está influyendo fuertemente. El tiempo que pases con tu hijo de este modo tendrá un efecto de largo alcance. Si no influyes ahora en tu hijo en el área de lo sobrenatural, otro lo hará después.

Comparte su vida espiritual

Me gustaría tocar un punto más acerca de cómo ayudar a un chico espiritualmente: con el conocimiento objetivo que recibe en la iglesia, en la escuela dominical y en el hogar, el niño solo tiene los materiales en bruto para crecer en su vida espiritual. El chico debe aprender a utilizar ese conocimiento de una manera efectiva y precisa con el fin de llegar a ser una persona espiritualmente madura. Para ello, el niño debe tener la experiencia de caminar con Dios diariamente y aprender a confiar en Él de un modo personal.

La mejor manera de ayudar a un niño en cuanto a esto es compartiendo con él su propia vida espiritual. Desde luego, otra vez: lo que compartas con tu hijo y en la cantidad en que lo hagas depende del niño, su edad, su grado de desarrollo y su capacidad para comprender eso y manejarlo.

A medida que el niño madura, los padres queremos compartir más, gradualmente, acerca de cómo también nosotros amamos a Dios, andamos diariamente con Él, confiamos en Él, buscamos su guía y su ayuda, le damos gracias por su amor, su cuidado, sus dones y por la oración contestada. Queremos compartir esas cosas con nuestro hijo *cuando ocurren,* no más tarde. Solo de esa manera puede estar el niño en un aprendizaje. El compartir experiencias pasadas no es más que transmitir información objetiva adicional, no dejando que el niño aprenda por sí mismo a través de su propia experiencia. Hay mucha verdad en el viejo dicho que afirma: «El mejor maestro es la experiencia». Déjale que comparta la tuya. Cuanto antes aprenda el niño a confiar en Dios, más fuerte se hará.

El niño necesita aprender que Dios suple todas las necesidades personales y familiares —incluidas las financieras—; y también saber aquello por lo que están orando sus padres. Por ejemplo, tu hijo tiene necesidad de conocer cuándo estás orando por las necesidades de otras personas. Debería saber (otra vez digo, que en la medida apropiada) los problemas por los que le estás pidiendo ayuda a Dios; y no olvides mantenerle informado acerca de cómo está Dios obrando en tu vida, y cómo te está utilizando para ministrar a alguien. Y, por supuesto, el niño debe saber que estás orando por él y por sus necesidades individuales en particular.

Por último, se le debe enseñar al niño, por medio del ejemplo, cómo perdonar y cómo obtener el perdón de Dios y el de las personas. Los padres hacen esto en primer lugar perdonando. A continuación, cuando cometen un error que perjudica al niño, reconocen su equivocación, presentan excusas y piden perdón a Dios. No puedo enfatizar demasiado la importancia que esto tiene. Hay muchas personas hoy que tienen problemas con la culpabilidad, que no pueden perdonar ni sentirse perdonados. ¿Puede haber algo más triste? Pero es afortunada la persona que ha aprendido a perdonar a aquellos que le ofenden y que es capaz de pedir y recibir perdón; esas personas manifiestan una señal de salud mental y encuentran la paz como resultado.

Al concluir esta obra, espero que considerarás seriamente los principios expuestos en este libro. Ha sido escrito especialmente para ti por un papá que aprendió por experiencia, en el hogar y en su profesión, que los padres deben amar a sus hijos para verlos crecer y convertirse en adultos fuertes, saludables, felices e independientes. Ahora, tal vez quieras volver y releer este volumen y subrayar los principios que decidas poner en práctica para amar realmente a tu hijo. Te desafío a que lo hagas.

Le invitamos a que visite nuestra página web donde podrá apreciar nuestra pasión por la publicacion de libros y Biblias:

WWW.EDITORIALNIVELUNO.COM

www.EditorialNivelUno.com
Para vivir la Palabra